こぼれ落ちる子をつくらない「聴く保育」

Sato Satoru and Konishi Junko
佐藤曉・小西淳子

子どもの力をのばす68のヒント

岩崎学術出版社

まえがき

　保育の基本のひとつは,「聴く」ことだと思います。子どもが望んでいること,そして困っていることを聴いてあげましょう。

　とはいえ子どもは,自分の思いをじょうずに伝えてはくれません。だから,「聴く」といっても,私たちは,言語化された訴えを聴くだけでなく,ちょっとした振る舞いからそれを聴き分けてあげなくてはいけません。

　一方,たんに子どもを観察しているだけでも,「聴く」ことはできません。遊びのレパートリーが限られている子どもには,楽しい活動をたくさん経験させてあげてはじめて,その子が何を望んでいるのかを知ることができます。また,制作の途中で手が止まってしまう子どもには,ちょっとした声かけや手助けをしてあげることで,その子がどこでどう困っているのかが明らかになるのです。

　ところで,「聴く」保育は,これまで私たちが拠り所にしてきた幼児理解の枠組み,あるいは視点をいったん保留して,その子の意識に現れる経験をそのまま受け止める営みでもあります。その子の発達が何カ月レベルにあるかとか,コミュニケーション能力がどれほど育っているかとか,そういう物差しをいったん手放してみて,子どもがいまここで,何をどう感じ,周囲の環境にどんな意味を見いだそうとしているのかといった,いわば子どもの経験世界そのものに寄り添いたいのです。子どもは,大人たちが築いた「できる―できない」の世界ではなくて,素朴に「わかる―わからない」の世界を生きているからです。

　さて,この本では,「聴く」保育をコンセプトとした保育実践を,厳選されたエピソードとともにお届けします。

　前二著（発達障害のある子の保育の手だて,発達に課題のある子の保育の手だて,いずれも岩崎学術出版社刊）では,「発達障がい」という観点から子どもを理解し,すぐに使える保育の手だてを紹介しました。それはそれで,必要でした。しかし,そのような知識は,ここのところだいぶ定

着してきていて，いまはむしろ，日常的な保育の底上げを図ることこそ，支援を必要としている子どもを救えるのだという認識が高まりつつあります。質の高い保育は，こぼれ落ちる子どもをつくりませんので。

　本書は，このような動きを先取りし，日々の保育レベルをあげるために役立ててほしい，数々の実践例を紹介することにしました。根底にあるのはもちろん，「聴く」保育です。

　それでは，本書の構成と，各章の内容をかいつまんでお示しします。

　全体は5章で構成されていて，それぞれの章のテーマに沿ったエピソードが，2ページ見開きまたは1ページ完結の形式で並べてあります。今回は，実践の息づかいをそのままお伝えしたかったので，エピソードの解説は最小限にとどめ，ポイントだけを短い言葉で記しました。なお，同一の保育場面を取り上げたエピソードが続き物になっているところもありますが，一つひとつはまとまったお話になっていますので，はじめから読んでいただかなくても，そのときに必要なページだけを開いて利用してくだされればいいかと思います。

　次に，それぞれの章の内容です。

　第1章は，「わからないで困っている」という観点から子どもを捉えます。幼い子どもを前にして，大人が「できない」と判断しているとき，当の子どもは「わからない」で困っています。それに気づいて，わかるようにしてあげるのが私たちの仕事です。そんなエピソードを綴りました。

　第2章は，クラスの保育から置いていかれる子どもの声に，しっかりと耳を傾けてほしいという願いを込めて書きました。外れていく子どもほど，担任に関心を向けてもらうのを待っています。そんな子はなにはともあれ，保育者の近くにおいてあげてください。そうすれば手だてはたくさん見つかります。ヒントになりそうなエピソードを，いくつか紹介しています。

　第3章は，承認してほしい気持ちを「聴く」ことに焦点をあてました。人は，いくつになっても，自分のことを承認してくれる他者を求めています。承認欲求が満たされておおきくなった子どもは，大人になってからも心がとても安定しています。そんな子どもに育てるために，私たちにできることは何なのでしょうか。エピソードを通して，かかわり方のコツをお伝えしましょう。

第4章は,「子どものやりたいを聴く」がテーマです。聴いてあげたいのは,子どもの「困り感」だけではありません。子どもが「やりたい」と願っていることにも,もっと耳を傾けてあげなくてはいけません。その際,目先の「やりたい」気持ちもそうなのですが,子ども自身ではアプローチできない,質の高い「やりたい」を引き出してあげたいですね。子どもが心から楽しめて,かつ高いレベルの文化に触れることのできる保育を,一年を通して計画いたしましょう。ささやかではありますが,筆者らの実践を掲載しましたので,参考にしていただければ幸いです。

　最後の第5章は,子どもの「無理」を聴くです。園で給食を食べるのは「無理」,大きな集団で行動をともにするのは「無理」,そんなふうに心の中で叫んでいる子どもがいます。無理強いは,「無理」を助長するばかりです。そんなときは,子どもに合わせた保育の「カスタマイズ」が必要です。どんな実践があるのか,代表的な事例を紹介します。

　まえがきのおわりに,お礼の言葉を述べさせてください。

　エピソードの素材を提供してくださいました関西,中国および九州地区の保育園・幼稚園の先生方には,たびたびの取材に多大なるご協力をいただきました。この場をお借りして厚くお礼を申し上げます。また保護者の方々には,写真の掲載をご承諾いただき,たいへん感謝いたしております。

　イラストを担当してくださいました竹下秀司さんには,今回も引き続きお世話になりました。整理に手間のかかる原稿をいつもきれいな本に仕上げてくださった編集部の唐沢礼子さんとの本作りも,これが最後になろうかと思います。保育や教育の本質を記述することと読みやすさを追求することの両立を考えてくださったことで,現場で使える本がたくさん出版できました。長い間,本当にありがとうございました。

佐藤　曉

※エピソードのなかの名前は,すべて仮名をつかっています。また,エピソードの内容については,個人が特定されないよう,大幅に脚色している場合があります。

目 次

まえがき

第1章 「わからなくて，困っている」を聴く　1
　　　——「できる—できない」から「わかる—わからない」へ

1　いま何をするのかがわからない（エピソード1—5）　3

　1 マットを手がかりに「いまは着替えをする時間であること」を伝える／2 モデルになるお友だちといっしょに，さいごまでやりきる／3 お友だちが教えてくれた，遊びの意味／4 リレーにどう入ったらいいのか，わからない／5 ようやくわかった，表示の意味

2　保育室で何が営まれているのかがわからない（エピソード6—8）　13

　6 毎日の朝の会を「意味の島」にする／7 歌は変えたくない，毎日繰り返されることの安心感／8 引き継ぎは子どもたちの「暮らしごと」／コラム・意味の島

3　次にすることがわからないから動けない（エピソード9—10）　21

　9 終わってからすることを決めておく／10 2つ先の活動まで見通した保育をする

4　保育者の期待していることがわからない（エピソード11—15）　25

　11 座れたら「まる」，期待されている行動をはっきりと示す／12 あとでできるという保証をして，待つことを教える／13 叱るのではなく，気づかせてあげる／14 気づかせて，そして子どもを信じて／15 こぼす，ということを知らせるためのおこぼし皿／コラム・わかっていないのにわかっていると思われる

5　困っていても，どうしていいかわからない（エピソード16—19）　37

　16 遊びたいのに遊んでくれない，それが言えない「困り感」／17 着替えを手伝ってほしいゴザ／18 子どもが望むかぎり，依存させきる／19 困ったときに子どもが言いにこられる立ち位置／コラム・動きすぎない，しゃべりすぎない

第2章　置いていかれる子どもの声を聴く
　　　　──どの子もこぼれ落とさない保育の手だて　47

1　はずれていく子どもを，担任の近くに置く（エピソード20─22）　49

20活動のはじめに入れる／21担任の近くに置いておく／22時間と場所が違っても，みんなと同じことをさせる／コラム・居場所とは

2　こぼれ落とさない保育の本体をつくる（エピソード23─28）　57

23スモールステップでお部屋に戻る／24なわとびは跳ぶだけではない／25「小さな畑の歌」で誘う，活動に参加できるようなネタの工夫／26周りの子どもたちにも向けられた「おかえり」／27活動に区切りを設けて，参加するきっかけをつくる／28ふた手に分かれてシャボン玉遊びをする／コラム・あたりまえのことをあたりまえにする

3　子どもをつなぐ（エピソード29─33）　71

29モノが媒介となって仲間がつながる／30真っ赤になった手が，子どもをつなぐ／31お友だちがバトンを受け取るのを見届ける／32異年齢のペアが子どもを変える／33人間アスレチック，お友だちから仕事を任される／コラム・心理検査・発達検査の「副作用」

第3章　「承認してほしい」気持ちを聴く
　　　　──子ども同士が聴き合える保育室に　83

1　保育者の言葉数を減らす（エピソード34─37）　85

34保育者の言葉数を減らすための視覚支援／35宛先を告げて，静かに話す／36説明を聞いてほしいときには，保育者の立ち位置を変える／37ピアノの音は小さく

2　子ども同士が聴き合うための手だて（エピソード38─41）　93

38言ってほしいことを言ってもらえる／39お友だちが認めてくれる／40「いっしょに砂場で遊んだ人，前に出てきてお話ししてくれる？」／41「みんな見たっ？聴いたっ？」／コラム・園内研修のもちかた

第4章　子どもの「やりたい」を聴く
　　　　──保育内容を工夫して，「やりたい」をつくる　103

1　リーダーを「やりたい」（エピソード42─44）　105

42ままごと遊びの片づけリーダー／43お友だちが最後まで片づけるのを待つ／44「リーダーはだれ？」，自分たちで考える子どもに育てる／コラム・視覚支援の使い方

2 お手伝いから当番へ（エピソード45―47）　113

45子どもがしたいと思える当番へ／46みんなで協力してこぼさないようにする／47楽しいふとん敷きを当番活動へ／コラム・当番活動のねらい

3 1年を通して「やりたい」をつくる（エピソード48―55）　121

48野菜作り，経験したことをゆたかに表現する／49菜飯を作る，楽しかった経験はお話ししたい／50おばけやしきが「やりたい」／51ふだんからの積み重ねが行事で生きる／52子どもの「やりたい」を運動会につなぐ／53劇遊び，「できる」と思わないと入れない／54お友だちの期待に応え，博士を任されて／55ねずみの嫁入り，自分たちの言葉でつくる劇遊び／コラム・カスタマイズ

第5章　子どもの「ムリ」を聴く
　　　　──子どもに合わせて，保育を「カスタマイズ」する　139

1 園生活は「ムリ」だらけ（エピソード56―60）　141

56周りの子どもの動きが速くなると，ついていけなくなる／57みんなと同じようにおかわりはしたいのだけれど／58ボールが当たるのはこわい／59「できたよ」，祖父母のお招き会／60老人ホームの運動会は「ムリ」，でも行ってみたらそこそこ楽しかった／コラム・「ゆる♪リト」①

2 「出た先の保育」を考える（エピソード61―64）　153

61出た先でも，しっかりとかかわる／62騒々しさからの回避／63ホールで「ひとり・わくわくタイム」／64小集団活動に必要だったのは，モデルになる子ども／コラム・「ゆる♪リト」②

3 個別指導で，できることを増やす（エピソード65―68）　163

65給食指導を辛抱強く／66トイレ指導のコツ／67着替えの指導，ツールの工夫／68要求を伝えるためのコミュニケーションブックをつくる／コラム・「ゆる♪リト」③

本文イラスト　竹下秀司

第1章
「わからなくて,困っている」を聴く
「できる―できない」から「わかる―わからない」へ

　保育するおとなは,「できる―できない」で子どもを見がちです。
　でも,ちいさな子どもはきっと,「わかる―わからない」の世界を生きているのだと思います。活動に参加できずにいる子どもを前に,保育者がしてあげなくてはいけないのは,「わからなくて,困っている」その子の声を聴くことではないでしょうか。それが,子どもに寄り添うということです。
　とはいえ,子どもは,何がわからずに困っているのでしょうか。それを見つけるのは,おもいのほか難しいのです。第1章では,園生活の随所で「わからなくて,困っている」子どもの姿を,エピソードを通して描き出してみます。

1　いま何をするのかがわからない（エピソード1―5）

　活動の途中で，室内を歩き回ったり，床にねそべったりする子どもがいます。この子たちは，みんなと同じことが「できない」のではなくて，いま何をするのかが「わからない」のです。

☆エピソード１☆
マットを手がかりに「いまは着替えをする時間であること」を伝える

　お昼寝前の保育室，子どもたちがパジャマに着替えています。4歳児クラスの真穂ちゃんは，あちこちをうろうろするばかりで，いっこうに着替えが始まりません。遅い子どもはほかにもいるのですが，真穂ちゃんはいつも最後になってしまいます。

　保育士が手を引いて，パジャマの入ったかごを取りに行かせます。そして，着ている洋服を脱がせてあげるとようやく，パジャマに袖を通すのでした。こんなことを4月から続けてきましたが，なかなか自分からは着替えようとしません。

　そこで保育士は，クラス全体で着替えのしかたを変えることにしました。着替えの時間になったらマットを敷き，各自のロッカーの前に着脱かごを置くようにしたのです。

　マットが手がかりになったのでしょうか，真穂ちゃんはそれ以来，マットが目に入ると着替えを始めるようになりました。周りの子どもにもこの方法はよかったようで，クラス全体としても，着替えの時間が大幅に短縮しました。

コメント

　着替えに着手できなかったのは,「いま,何をするのか」がわからなかったからです。着替えの時間にマットを敷くことで,「いまは,着替えをする時間なのですよ」というメッセージを伝えることができました。

　片づけもそうですし,朝や帰りの仕度も同じです。片づけならば,「いまテーブルの上にあるものだけ」といったように範囲を限定するとともに,「おかたづけ→えほん」などと,終わってからできるお楽しみを紙に書いてあげるとはかどります。途中で気が散ってしまうときは,仕切りをして刺激を減らします。仕度に時間がかかるときは,動線を短くし,てきぱきと動けるように練習しましょう。

着替えの時間になったらマットを敷き,各自のロッカーの前に着脱かごを置くようにしました。

☆エピソード2☆
モデルになるお友だちといっしょに，さいごまでやりきる

　着替えの時間です。もうじき4歳になるみいちゃんは，ひとつ動作をするたびに動きが止まっています。あちらこちらを見回していたり，ぼうっと思いにふけっていたり。片手を袖に通しても，よそ見をしている間にパジャマがずれてきて，後ろ前がわからなくなってしまうのでした。

　いろいろ考えたすえに保育者は，お友だちのまこちゃんを誘いました。まこちゃんは，着替えはじょうずにできるのですが，みいちゃんと同様，人が多いと気が散ってしまうのです。保育者は，2人を比較的刺激の少ない保育室の隅のほうで着替えさせることにしました。あいかわらず時間はかかりますが，2人でゆったりお話ししながら，さいごまで着替えていました。

　何日かして，みいちゃんはまこちゃんを意識するようになり，「まこちゃんに負けないよ」と言いながら，急いで着替えをしていました。「すごいね」と声をかけると嬉しそうにします。いままで急ぐということがまったくなかったので，驚きました。お友だちの力は大きいのです。

コメント

★生活習慣は，人と人とのやりとりの場，人と人とのあいだで育っていきます。はじめは，おとなが手を添えてていねいに教えます。靴下ならば，つまさきまでは履かせてあげて，あとは自分でといったようにです。こういう動作は，カードや手順書を見て覚えるものではありません。おとなとできたら，つぎは，エピソードのように，モデルになるお友だちといっしょにさせてあげるといいですね。

★みいちゃんは，おおぜいの子どものなかでは，だれを見て行動したらいいのかわからなかったのでしょう。ちょっと落ち着ける部屋の片隅では，どことなく気の合うまこちゃんが，みいちゃんのモデルになってくれたのでした。

★モデルになる子どもは，「いま，何をしたらいいのか」ということを示してくれると同時に，それを「どこまでするのか」という，活動の終わりを示してくれます。ひとつの活動をさいごまで「やりきる」体験は，とても大切です。

☆エピソード3☆
お友だちが教えてくれた，遊びの意味

　2人で過ごすことが多い，りょう君とたかし君，4歳児です。

　朝の外遊びの時間でした。園庭に用意されたさまざまな遊びを，2人は転々としています。遊び込んでいる子どもは，あまり邪魔をされたくないそぶりをみせます。もちろん，人に悪気はないのですが，つまみ食い的にあちこちにちょっかいを出すばかりで，この時間をもてあましているようにも見えました。

　そんな2人が，小麦粉粘土のコーナーにやってきたときのことです。型枠の中に粘土を詰め込んでみるものの，取り出すと形が崩れてしまいます。2人は，お団子のようになってしまった粘土をぽーんと放り投げると，またどこかに行こうとしました。

　すると，そこにいあわせたのんちゃんが，「ちがうよ，こうやってするんだよ」と，粘土を平らに伸ばし，型枠でくりぬいてみせました。足を止めたりょう君とたかし君は，「おれもやってみる」と言うと，ふたたび型枠を手にしました。そして，そのまま片づけの時間までその場に留まりつづけました。

第1章 「わからなくて,困っている」を聴く　9

> コメント

☆このエピソードも,「することがわからない」で困っている子どものお話しでした。2人とも,乱暴なわけでも,意地悪なわけでもありません。園庭で仲間が何をどう楽しんでいるのか,つまり遊びの意味が,いまひとつわからなかったのです。

☆そこを助けてくれたのが,たまたま近くにいたのんちゃんでした。保育者がつきあってあげるのもいいのですが,こういうふうにお友だちがつないでくれるといいですね。

型枠の使い方を,お友だちに教えてもらいました。

☆エピソード４☆
リレーにどう入ったらいいのか，わからない

　運動会の練習でリレーをしました。「今日はかけっこをするよ」と言うと，美咲ちゃんは「走りたくない」と言います。「ここで見ていてね」と声をかけ，しばらくようすをみることにしました。美咲ちゃんは，みんなの走っているのをじっと見ていました。

　それから１週間，翌日は予行という日になっても，美咲ちゃんは動きません。何を言っても，「したくないの」と，怒ったような，でも不安そうな顔をします。

　このままでは参加が難しいと思った担任は，静かにお話しできるテラスに美咲ちゃんを誘いました。そして，お友だちが走っているのをいっしょに眺めながら，「美咲ちゃんは，リーダーのなんばあやねちゃんの次に走ったらいいよ」と伝えました。

　担任は子どもたちのなかに戻ると，「それでは，もう１回走ります」と声をかけ，リーダー３人を先頭に，子どもたちを並べます。あやねちゃんがリーダーを務める黄色チームを見ると，いつのまにか美咲ちゃんが並んでいました。「なんばあやねちゃんの次」という言葉が手がかりになったのでしょう。それ以来，「走らない」と言うことはなくなりました。

第1章 「わからなくて，困っている」を聴く

> ## コメント

★美咲ちゃんは，リレーにどう入ったらいいのか，わからなかったのでした。「なんばあやねちゃんの次に走ったらいいよ」と言ってもらったことで，問題は解決しました。

★そういえば，ふだんの生活のなかでも似たようなことがありました。進級当初は，大きなゴザにみんなで座るようにしていましたが，そのときもなかなか座れずにいました。椅子をもってきて座る場所を決めると，すんなり座れるようになりました。どこに座ったらいいのか，わからなかったのです。

テラスでお話し

☆エピソード5☆
ようやくわかった，表示の意味

　給食の用意と片づけの手順書を，クラスの子どもたちみんなのために表示してきました。3カ月くらい続けたところ，だいたいどの子もてきぱき動けるようになり，もう必要ないかなと思っていました。
　そんなとき，いつも仕度に時間のかかるみいちゃんが，手順書を指さして「これ見たら，わかるかなあ」と一言。「見たらわかる」ということが，このときはじめてわかったようでした。

コメント

　★手順書を表示すれば子どもはわかる，というわけではありません。目に映ってはいたのでしょうけれど，それが何を表示しているのか，みいちゃんにはぴんときていなかったのです。
　★みいちゃんは，周りの子どもが手順書を見て行動するのを繰り返し見ているうちに，それが給食の準備や片づけの手順を示したものだということがわかったのでした。

「これを見ればわかるかなあ」。
　手順書の意味がやっとわかるようになったみいちゃんでした。

2　保育室で何が営まれているのかがわからない（エピソード6 — 8）

　保育室にお友だちが集まっていても，そこで何が営まれているのかがわからない子どもは，クラスにいることじたいがひどくつらいのだと思います。クラスの活動が，子どもにとって意味あるものになるための手だてを考えましょう。保育室に「意味の島」（注：コラム１ p.20）をつくるのです。

☆エピソード6☆
毎日の朝の会を「意味の島」にする

　この年の4歳児クラスは，午前中の活動の流れがなかなか定着せず，なにかにつけてざわついていました。
　そこで担任は，毎日繰り返される朝の会を「わくわくタイム」と名づけ，内容も進行も，いろいろ工夫することにしました。
　はじめのころは，子どもの好きな視覚教材をたくさん用意しました。「わくわくタイム」が始まる前には，保育室の入り口に立てかけておきます。クラス活動で作るものも，ホワイトボードでお知らせします。こんなふうにしてあげると，子どもたちは，「わくわくタイム」の時間をとても楽しみに待つようになります。
　何度か繰り返すうちに，はじまりの曲のときは，当番さんが出てくることにします。曲がかかって当番さんが前に立つと，急いで座る子どもたちです。その間，担任は，仕度が遅い子どもの手当をします。なかなか部屋に入らなかった子どもも，やがて自分からやってくるようになりました。

コメント

　★子どもたちがざわつくのは，保育室で営まれていることがらの意味がわかっていないからです。そこで担任は，朝のざわざわした時間帯に「わくわくタイム」という「意味の島」をつくったので

した。クラスの活動を，子どもにとって意味あるものにしようとしたのです。

　「わくわくタイム」が「意味の島」になることで，①「わくわくタイム」にむけた片づけ，②「わくわくタイム」の時間，③終わってからする活動，という「保育の流れ」ができました。前後の活動もまた，子どもにとって「意味の島」になったようでした。

「わくわくタイム」。はじめのころは，視覚教材をたくさん用意しました。

おしゃれなこいのぼりつくるよ

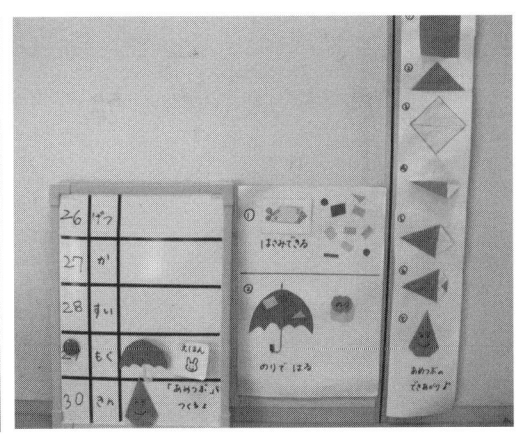

その日のクラス活動で作るものも，ホワイトボードでお知らせします。

☆エピソード7☆
歌は変えたくない，毎日繰り返されることの安心感

　「わくわくタイム」では，「おたのしみ」のコーナーで絵描き歌をします。絵本にＣＤがついていて，それに合わせて絵を描いていきます。何度もすると，おきまりのフレーズのところで，子どもたちがどっと笑います。「きょうのこと」のコーナーでは，その日にする活動をボードに示していきます。困ったときはボードを見にくればわかる，ということを子どもに教えるのです。最後は，楽しい曲をかけて，みんなで歌います。

　「わくわくタイム」を続けて1カ月ほどたったある日のこと，子どもたちに「わくわくタイムの曲（最後にかける曲）を変えてみる？」と尋ねてみました。ところが，子どもたちは，声をそろえて「いや」と言うのでした。同じ活動がいつものように繰り返されることが子どもたちに安心感をもたらしていたのだと，改めて思いました。

第1章 「わからなくて,困っている」を聴く 17

| コメント |

　子どもは,おもいのほか保守的です。「わくわくタイム」は,長い一日のなかで,子どもたちが安心して過ごせる基地のようなものだったのかもしれません。
　基地が確保できると,そこを起点に,いろいろな活動が仕組めます。運動会や発表会などの行事に向けてモチベーションを高める場になりますし,もちろん,ちょっとした練習を仕組むこともできます。

「おたのしみ」のコーナーで描いた絵描き歌の絵を、自由遊びの時間に描いている子どもがいました。

☆エピソード8☆
引き継ぎは子どもたちの「暮らしごと」

　進級したばかりの保育室では，子どもたちが不安そうにしていることがあります。

　なんとかしてあげられないものかと，この年考えたのは，「暮らしごと」の引き継ぎでした。朝の集いの進め方，グループ分け，並び方などを，4月いっぱいは前の担任がしていたのと同じ形式で続けることにしたのです。保育園では，担任が休みの日にほかの保育士が入ることがよくありますから，4月になって担任が替わっても，生活の仕組みそのものが大きく変化しなければ，子どもたちの混乱は最小限にとどめられるだろうと考えたのでした。

　新しい担任になって1カ月。子どもたちは，とても落ち着いて過ごすことができました。担任にもだいぶ慣れてきたところで，子どもたちの成長に合わせて生活の仕組みを変えるとともに，新たな活動も取り入れました。

子どもの情景：新学期

第1章 「わからなくて，困っている」を聴く　19

コメント

★新年度を迎え，担任が替わったり保育室が変わったりと，一度に大きな変化が重なると，子どもによってはひどくストレスを感じます。そこで考えたのが，子どもの「暮らしごと」引き継ぐことでした。生活の仕組みを，はじめの1カ月だけはできるだけ変えないようにしました。保育室の営みごと引き継いだ，と言ってもいいかもしれません。

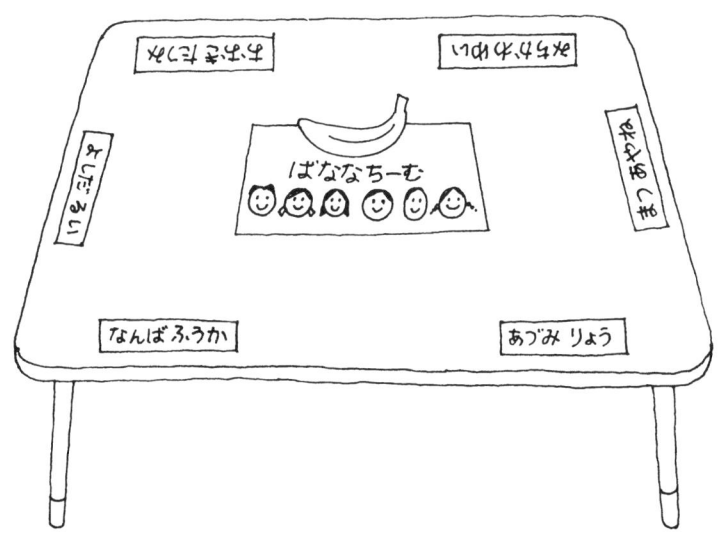

新年度，4月いっぱいはグループのメンバーを変えず，座り方なども，前の担任がしていたのと同じにしました。

★コラム1★　意味の島

　発達に課題のある子どもは，保育園や幼稚園にいて，何にいちばん困っているのでしょうか。答えはおそらく，「することがなくて困っている」，だと思います。

　では，なぜ「することがない」かというと，園で営まれている活動の意味がわからないからです。どこを見渡しても，何をやっているのかさっぱりわからないのです。

　そんなとき，園の空間のどこかにすこしでも意味のわかるものを発見できたら，どれだけ安心することでしょう。おうちにあるのと同じプラレールがあると，とりあえずそれで遊べます。水槽の中で泡がきらきら光っていたら，それを見ているだけで落ち着けるかもしれません。何もすることのなかったその子は，ようやく，自分にとって意味のある活動，つまり「すること」にありつけるのです。

　子どもはきっと，大海原で漂流しているさなかに（園の空間になんら意味を見いだせなくて途方に暮れているときに），やっとのことで漂着できそうな島を発見した（意味を見いだせる活動，「すること」を見つけた）ようなものなのでしょう。この漂着できそうな島を，「意味の島」と呼んでいます。長い一日，子どもはすることがなくて困り果てています。その子にとって，ひとつでも多くの「意味の島」をつくってあげたいのです。

3 次にすることがわからないから動けない（エピソード9―10）

　次の活動に向けて子どもが行動を切り替えられないのは，次にすることがわかっていないからです。長時間におよぶ活動や，楽しい活動を始める前には，「その活動が終わってからすること」を示しておきましょう。「次の次」までの見通しをもたせるのです。

☆エピソード9☆
終わってからすることを決めておく

　4歳児になっても，30人を超えるクラスの身体計測は大変です。着替えが遅い子どもがいたり，終わって走り回る子どもがいたりすると，そのぶん保育者の言葉数も多くなります。

　そこで，「身体計測が終わったら，椅子に座って粘土をする」という流れをつくりました。計測がすんだ子どもに，座ってする活動を用意することで，子どもたちの動きがばらばらにならず，クラス全体も落ち着いてきました。

　早く着替えた子どもは，自分から粘土を取り出してきます。終わった子どもに目を向けなくてもよくなると，着脱に時間がかかる子どもにゆっくりとかかわってあげられるようになりました。

コメント

　★子どもが動けないのは，次にすることがわかっていないからです。

　★身体計測は，終わる時間に差ができます。こういうときは，終わってからすることを決めておきましょう。動ける子どもは次の活動をイメージし，自分で動きます。

　★ほかの保育場面でも，つくりやすいところから保育の流れをつくりましょう。多くの子どもがそこに乗れるようになると，保育者は「困り感」のある子どもにゆっくりとかかわってあげられます。

　★このような流れができていると，「困り感」のある子どももやがて，次にすることがわかって自分で動けるようになります。

身体計測が終わったら

☆エピソード10☆
２つ先の活動まで見通した保育をする

　５歳児が，いまからプールに入ります。担任は，子どもたちを集め，小さなボードを取り出しました。「といれ→ぷーる→えほん」と書いてあります。

　楽しい活動の前には，こうして「次の次」にすることまで示してから活動を始めています。活動を楽しんだあとも，きびきび動ける子どもに育てたいからです。

　プールに入れない子どもには，別のメニューが示してあります。どちらも，子どもが納得して動けるようにと，担任が書いてくれたものでした。

コメント

　★プールのような楽しい活動をするときは，終わってからすることをあらかじめ示しておきましょう。

　★することがわかっている子どもは，プールが終わって着替えがすむと，ちゃんと絵本を読んで待っていてくれます。こういう流れができていると，動きのゆっくりな子どももそこに合流していきます。することが遅い子どもや，活動からはずれがちな子どもに必要なのは，合流する先です。

トイレに行ってからプール。プールから出て着替えたら，絵本を見て待つ。「次の次」まで，見通しをもって行動する練習をします。

4　保育者の期待していることがわからない（エピソード11―15）

　保育者が子どもに何を求めているのか，どんな行動を期待しているのかということを，子どもは案外わかっていないものです。お友だちに順番を譲ってほしい，いましていることがすむまで少し待ってほしい，ものは大切に扱ってほしい，などなど，保育者が心の中で思っているだけでは伝わりません。

☆エピソード11☆
座れたら「まる」，期待されている行動をはっきりと示す

　5月はじめの4歳児，ホールで活動をするのは，まだ3回目です。
　集団のなかでの振る舞い方を教えようと思ったら，はじめが肝心。みんなでダンスをするときは，じょうずに広がる練習をします。「手を広げてもあたらないように」「先生が見えるところに」立つ練習です。
　広がるのに時間がかかっているときは，いったんその場で座って，周りを見渡します。くっつきすぎていないか，そして先生の顔が見えているかを確認させます。そうしてからもう一度，広がり直します。じょうずにできている子どもには，すかさず「まる」と言ってあげます。
　椅子を出して座るときは，名前を呼ばれたチームの子どもたちから順に椅子を取りに行きます。両手で持った椅子を，床のマークに合わせて置きます。静かにいい姿勢で座れたら，担任は「まる，まる，まる……」と言いながら，子どもたちの頭をなでていきます。
　うれしそうな，ちょっとほっとしたような表情の子どもたちでした。

> ### コメント

★ 子どもは,保育者の期待にいっしょうけんめい応えようとしています。ですから子どもには,自分たちに何が期待されているのか,どうしたらほめてもらえるのか,ということを明確に示してあげましょう。

★ もちろん,できたらその場でほめてあげます。子どもをほめるときには,何をほめているのかを明らかにします。

椅子に座れた子どもたちに,一人ずつ「まる,まる」と言って,ほめてあげます。

☆エピソード12☆
あとでできるという保証をして，待つことを教える

　4歳児の朝の集いです。朝の遊びの振り返りをする場面でした。
　たっちゃんがお話をしたくて立ち上がると，ひろとくんは，それにつられて立ち上がってしまいました。わりと，よくあることです。
　担任は，ひろとくんに，「たっちゃんが，いま，お話するから，ひろとくんは，たっちゃんの次でいいですか？」と尋ねました。これまでは譲ってもらうばかりのひろとくんでしたが，この日ひろとくんは，いったん座って待つことができました。
　たっちゃんのお話しが終わると担任は，すぐに「おまたせ」と言って，ひろとくんを呼び寄せました。うれしそうにお話しを始めるひろとくんでした。

子どもの情景：すべりだい

コメント

　子どもにがまんをさせたり待たせたりするときは,「いつまで待ったらいましたいことができるのか」を伝えてあげましょう。待てたときには,「おまたせ」のひとことを忘れずに。

　たっちゃんの「あと」という言葉の意味が,ようやくわかってきたひろとくんでした。話し言葉だけでは納得できない子どもには,「たっちゃんのつぎに,おはなしよろしくね」と書いたチケットを渡してあげるのもいいでしょう。「待てば望んでいることができる保証」をしてあげるのです。

　それは,「次は,必ずあなたの番にします」という,保育者の約束でもあります。

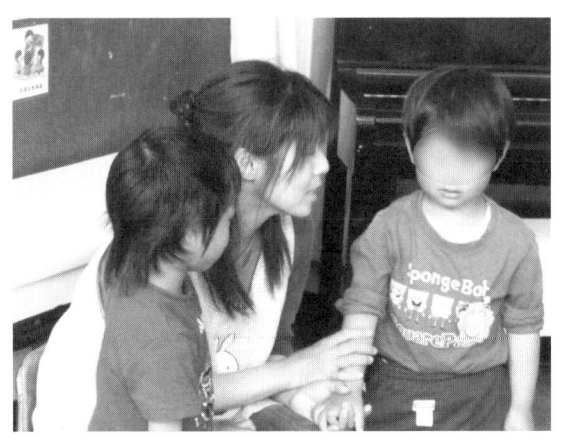

「たっちゃんが,いま,お話するから,ひろとくんは,たっちゃんの次でいいですか?」

☆エピソード13☆
叱るのではなく，気づかせてあげる

　夏の終わり，5歳児の保育室です。外遊びのあとは，30人の子どもたちが輪になって集まり，クラス活動が始まります。担任は，茶壺の手遊び歌をして，まだやってこない子どもたちを待っていました。

　のりちゃんは，早々とうがいと手洗いをして保育室に戻ってきたのですが，ぼうしを首にかけたままでした。担任は，手遊び歌を続けながら，そっとのりちゃんに近寄りました。とんとんと肩をたたいてぼうしに気づかせると，のりちゃんはさっと立ち上がり，ロッカーにしまいにいきました。

コメント

　★できていないときに，注意をしたり叱ったりするのではなくて，気づかせてあげる。それが，プロの保育者というものです。気づきさえすれば，子どもは自分で行動を起こします。

　★みんなのまえで注意されたり叱られたりすると，子どもに恥をかかせることになります。人に恥をかかせることは，避けたいですね。エピソードのように，忘れていたことにそっと気づかせてあげる，そんな配慮がどんな小さな子どもにも必要なのではないでしょうか。

第 1 章 「わからなくて,困っている」を聴く　31

とんとんと肩をたたいてぼうしに気づかせると,のりちゃんはさっと立ち上がり,ロッカーにしまいにいきました。

☆エピソード14☆
気づかせて，そして子どもを信じて

　朝から雨降りのこの日，4歳児はお部屋で遊んでいました。
　お片づけの時間になると，ブロックをつなげて遊んでいた男の子たちが立ち上がり，片づけの箱をもってきました。すぐに着手したのはいいのですが，勢い余ってブロックをガチャンと箱に投げ込んでしまいました。
　そんなようすを遠くから見ていた担任は，その場におもむき，「あれっ，なんか悲しい音がしていたなあ」とお話ししてくれました。「お片づけは？」と問う担任に，いっしょに遊んでいた男の子たちは，「やさしく」と答えます。「みんな，よくわかってるね。さすがだね」と言って担任がたち去ると，そのあとはていねいにブロックを扱っていました。

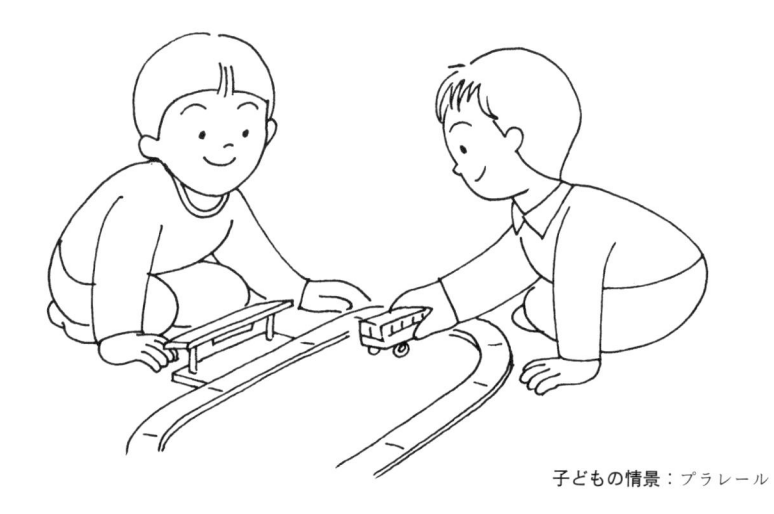

子どもの情景：プラレール

コメント

　ちょっとしたはずみで，子どもが不適切な振る舞いをしてしまうことがあります。そんなときは，すこし落ち着かせてから，自分のしていることに気づかせてあげましょう。
　そしてそのあとは，子どもを信じてあげることです。「あなたたちなら大丈夫。ちゃんとできるよね」というメッセージを届けてあげます。子どもは必ず，私たちの期待に応えてくれます。

「あれっ，なんか悲しい音がしていたなあ」

☆エピソード15☆
こぼす，ということを知らせるためのおこぼし皿

　7月から4歳児クラスに入ったしょうちゃんです。幼稚園に通っていましたが，保護者が終日の保育を希望して，保育園に転園してきたのでした。

　おうちでは叱られるばかり。育てにくい子どもなのだと，保護者からは聞いていましたが，園でもはじめはだいぶ手がかかりました。

　食事の場面では，「立ち歩かないで食べる」練習から取り組みました。数週間してなんとか座って食べられるようになったところで，今度は「こぼさないで食べること」に挑戦です。

　しかし，これがなかなか大変でした。1カ月練習をしても，こぼす量を減らすことができませんでした。

　そこで，やりかたを工夫することにしました。「こぼしたら，おこぼし皿に入れる」という練習に切り替えたのです。2カ月くらいしても，落ちたものを拾おうとしない日が続きました。それでも，食べ終わった後，机の下にこぼしたものは保育士といっしょに「おこぼし皿」に入れるようにしました。

　入園して3カ月たったある日のことです。しょうちゃんが，机の上にこぼしたおかずをおこぼし皿に入れようとしたのを，たまたま見かけました。「しょうちゃんすごい」と，みんなの前でほめました。そして，なんとその日は，こぼさないで食べることができたのでした。

　数日して，おやつのとき，お菓子を机にこぼしたしょうちゃんは，

「先生，おこぼす箱はどこ？」と，尋ねてきました。「おこぼし皿」を「おこぼす箱」というのが，かわいらしいですね。

コメント

　★ しょうちゃんは，「こぼす」ということがどういうことか，わかっていなかったのだと思います。
　★ しょうちゃんが，「こぼす」ということに意識を向けるようになったのは，「おこぼし皿」に，こぼした食べ物を入れるようになってからです。「おこぼし皿」に入れる食べ物が「こぼしたもの」となり，それでようやく「こぼす」ということの意味がわかったのでした。
　★ 「おこぼす箱はどこ？」と，尋ねられたところもポイントです。言われてするのではなく，自分から気づいてできたということを大切にしたいのです。

「こぼさないで食べる」に挑戦

★コラム２★　わかっていないのにわかっていると思われる

　子どもがうまく振る舞えないのは，何をどうするのかわかっていないからです。やる気がないわけでも，まして怠けているわけでもありません。

　私たちはつい，周りの子と同じように動けない子どもを前にして，「この子はなんでしないのだろう」と思ってしまいます。そして，声かけをしてもなかなかやろうとしないと，こういう活動には興味がないとか，今日は調子が悪いとか，いろいろな理由をつけて，その場をやり過ごしてしまうのです。

　ところで，こんなとき，保育者は何かを見逃していないでしょうか。それは，その子が「何をどうするのか，わかっていない」という事実です。たとえば，制作に興味がないのではなくて，作り方がわからないのです。まったくできないわけではない子どもも，うまく作れないところがすこしあると，やろうとする気持ちを持続させることができず，活動から離れていってしまうことがあります。

　にもかかわらず，「あなたはなぜ，ちゃんとしないのですか」と問いつめられた子どもは，困るばかりです。「何度同じことを言わせるのですか」と叱られても，さっき言われたこともわからなかったし，もう一度聞いてもやっぱりわからないということになると，ぼく／わたしは，いったいどうしたらいいのでしょうか。こんなときは，いったん，「この子は，わかっていないかもしれない」と思ってあげてください。そして，わかるまで教えてあげてください。子どもがちゃんとできないのではなくて，私たちがちゃんと教えていないことの方が多い気がします。

5　困っていても，どうしていいかわからない（エピソード16―19）

　「困り感」を抱えている子どもの多くは，困っていることを人に伝えることができずにいます。困っていてもどうしていいかわからない「困り感」を抱えているのです。

☆エピソード16☆
遊びたいのに遊んでくれない，それが言えない「困り感」

　朝の遊びの時間，園舎前の人工芝に置かれたベンチ椅子に座って，ひとり粘土をいじっているももちゃんでした。「どうしてここで粘土してるの？」と尋ねると，「すずちゃんが粘土をいっしょにしてくれないの」と言います。よく聴いてみると，さっきまで，すずちゃんとなお君は，ここで粘土をしていたようなのですが，なお君がゆり組に戻ると，すずちゃんはなお君についていってしまったらしいのです。

　ひとりでかたつむりを作っているももちゃんの手先は，とても器用です。「じょうずに作っているね」と保育士がほめると，「つるつるなんだよ」とお話ししてくれました。さわってみると，ほんとうにつるつるでした。

　この日ももちゃんは，帰りの会が終わってお迎えが来るまでの時間を，いつものように戸外で過ごしていました。朝のこともあったのでようすを見に行くと，なにやらひとりごとのようなことを言っていました。「誰も遊んでくれない……」と。担任に向けられた言葉というより，つぶやきでした。

　ここのところ，朝の遊びでは，ひとりで黙々とままごとをしていて，保育士としてはひとりで満足して遊べていると思っていたのです。でも，ももちゃんは，お友だちと遊びたかったのでした。保育士に話した「つるつるなんだよ」という言葉を，ももちゃんは，お友だちに言いたかったのでしょう。

コメント

　☆お友だちと遊びたいという気持ちを，ももちゃんは，誰にどう伝えていいのかわからずに困っていたのでした。彼女のつぶやきが，それを表しています。
　☆朝の遊びが楽しいのは，お気に入りの場所で，お友だちといっしょに何かができるからです。ももちゃんのつぶやきを聴いて，私たちが気づいていないだけで，お友だちと遊びたいのに遊べていない子どもが，ほかにもいるように思いました。

☆エピソード17☆
着替えを手伝ってほしいゴザ

　保育園の4歳児クラス。0歳から入園している子どもも多いのですが，この年はどうしたわけか，お昼寝前の着替えにひどく時間がかかっていました。クラスの人数が30人を超えていたこともあり，最低でも20分はかかってしまいます。そうなるとどうしても，「早く着替えるよ」と，遅い子どもを急がす言葉を使ってしまいます。
　そこで考えたのが，「着替えさせてほしいゴザ」でした。小さなゴザを用意して，保育者がそこに座り，「着替えを手伝ってほしい人は，ここにおいで」と笑顔で待つことにしました。
　さっそく何人かが，着替えのかごをもってやってきます。「いいよ」と言って，あとすこしのところまで着せてあげたら，「ここから先は自分で着替えてね」とかごを渡し，もとの場所に戻らせるようにしました。
　甘やかしすぎかなと思ったりもしたのですが，しばらくすると，ゴザの必要はなくなっていました。

コメント

　★「着替えさせてほしいゴザ」の前に並ぶ子どもたちは，できないというよりは，先生とのかかわりを求めていたのでした。それを満たしてあげることが大切だと思います。心を育てるというのは，そういうことなのでしょう。心が育つと，自分からしようとする意欲が生まれます。

　★保育者が大きな声を出したり，ばたばたと動き回ったりすると，かえって子どもは落ち着かなくなります。そういうときの私たちの心得は，「しゃべらない」「動かない」です。子どもが安心して頼れる保育士になりましょう。

子どもが安心して頼る

☆エピソード18☆
子どもが望むかぎり，依存させきる

　はじめての集団生活を送るみさちゃんは，トイレに行くたびに自分でシャツを入れられず，困っていました。「先生，おなかのなかに入れて」と，不安そうに言いにきます。

　一学期が終わっても，なかなか自分でできません。もうそろそろできないかなあという思いもありましたが，「おなかのなかに入れて」とやってくるたびに，入れてあげることにしました。

　プールも始まる8月。水着の着替えに時間がかかります。このころになるとみさちゃんは，お友だちに「手伝って」と言えるようになっていました。自分ひとりでできることもだいじですが，お友だちに手伝ってもらって「できた」という経験をすることもまた，大切にしたいのです。

　進級するまでには，トイレのあと，自分でシャツを入れられるようになりました。

子どもの情景：スイカ

コメント

☆じょうずに他者に頼ることで、人は自立していきます。私はそれを、「依存的自立」と呼んでいます。

☆みさちゃんが「おなかのなかに入れて」と言えたのは、担任が、「子どもが望んでいることに誠実に応える人」でいてくれたからです。困っているときにじょうずに依存できる子どもに育てるためには、困っているその子の声をよく聴き、その子が望んでいることに誠実に応えてあげてなくてはいけません。

「おなかのなかに入れて」と保育者に頼みにきていたみさちゃんは、お友だちにも「手伝って」と言えるようになっていました。

☆エピソード19☆
困ったときに子どもが言いにこられる立ち位置

　5歳児クラスの6月です。外遊びから帰ってきた子どもたちは，手を洗って，うがいをして，お茶を飲みます。朝の集いが始まるまでは，好きな絵本を読んで待つことになっています。どの子もみな，自分たちで動けるようになりました。

　担任は，保育室の片隅で，大きなやかんをもって座っています。お茶のおかわりがほしい子どもがやってきたり，用事のある子どもがなにやら先生に頼みに来たりします。背後には，先週の夏祭りでつくった大きな鳥居があって，先生が，ちょっと神様のように見えました。

　待ち時間がだいぶ長くなってきたとき，浮かぬ顔をしたいよちゃんが，担任のもとにやってきました。担任は，さっとメモ用紙を取り出し，これからすることを書いてあげました。いよちゃんはメモを大切そうにたたんで，ちいさなポケットに入れていました。

コメント

　長い待ち時間，お友だちとお話しをして過ごせる子はいいのですが，それが苦手な子どもは，「することのないストレス」を感じています。

　いよちゃんは，自分だけのためにメモを書いてもらったのが，よほどうれしかったのでしょう。あとどれくらい待ったらいいのか，そのあとの見通しをもてたこともあるのですが，退屈で「することのないストレス」を感じている気持ちを受け止めてもらえたことで，とても安心しました。

　それができたのも，担任がいたずらに動かなかったからです。困ったときに子どもがいつでも言いにこられる，そんな立ち位置を保育者は保ちましょう。

待ち時間がだいぶ長くなってきたとき，浮かぬ顔をしたいよちゃんが，担任のもとにやってきました。

★コラム3★　動きすぎない，しゃべりすぎない

　子どもがよく育っているクラスでは，保育者があまり動きません。また，言葉数が少なくて，トーンも低い。だから，保育室がしっとりしています。

　保育者が動かないぶん，子どもたちはよく気がついて，自発的に行動しています。もちろん，そういうクラスは，一朝一夕にできるものではありません。まずは，保育者が，「子どもから離れる」という目標をもちましょう。片付けや配膳の準備など，子ども自身に作業をさせたい場面では，手順をていねいに教えつつ，子どもが自分でやったという実感がもてるようにします。ポイントは，子どもに任せられるところを徐々に増やすとともに，仕事の「終わり」を子どもといっしょに確認することです。「はい，ご苦労様，いつもありがとう。」の一言が，子どもを育てます。

　一方，そんな言葉を輝かせるためにも，不要な言葉は減らさないといけません。それには，どの場面でどれだけ話を短くできるのか，具体的に実現できそうな目標をもつようにしましょう。話の長い人は，案外自分では気づいていませんので。たとえば，「振り返りのときに，子どもが話した後，保育者が長々と話さないようにする」とか。振り返りの場面では，子どもにたくさんお話しをさせたいのです。保育者がしゃべってしまうぶんだけ，子どもが話す時間が減ります。

　もろちん，もっとシンプルに，「クラス活動を始める前の説明を2分（できれば1分）以内にする」といった目標もいいと思います。

第2章
置いていかれる子どもの声を聴く
どの子もこぼれ落とさない保育の手だて

　第2章のテーマは,「置いていかれる子どもの声を聴く」です。

　置いていかれる子どもの声を聴こうとするならば,担任はまず,その子を近くに置いてあげてください。子どもが担任のもとを離れ,支援の先生のところにいるのがあたりまえにならないように。そのうえで,その子が望むことを聴いてあげてください。その子にあわせた保育ネタを用意し,少しでも活動に参加できるようにしましょう。

　一方で,そもそも子どもが置いていかれたりこぼれ落ちたりしないような保育の工夫も必要です。有効な手だては,たくさんあります。とりわけ,ペアやグループでの活動は効果的です。少人数の活動は,仲間とのつながりを強めます。保育室にその子のつながる先ができると,子どもはかならずクラスに戻ってきます。置いていかれる子どもが求めているのは,その子を待っていてくれる仲間なのです。

1　はずれていく子どもを，担任の近くに置く（エピソード20—22）

　クラスの活動に参加しにくい子どもを，支援の先生に任せきりにしないでください。近くに置くことを心がけないと，その子はますます担任から離れていってしまいます。

☆エピソード20☆
活動のはじめに入れる

　4歳児クラスの9月。この日は，ホールで「忍者のつなひき」が計画されていました。朝の集いが終わって，ホールに行きます。

　ところが，れんと君がいません。集いの途中で，出て行ってしまったのです。途中入園して，まだ2週間ほど。支援の先生がついているのですが，なかなかクラスに入れませんでした。

　クラスの子どもは，自分たちで移動できるようになっていました。担任は，保育室が空になるのを見届けると，支援の先生に付き添われたれんと君を迎えにいきます。そして，れんと君を見つけるや，「忍者に行くよ」と言ってだっこし，ホールに連れていきます。支援の先生には，先にホールに行ってもらいました。

　クラスの子どもたちは，担任が来るのを静かに待っています。れんと君を合流させて，「忍者のつなひき」は始まります。こぼれ落ちる子どもをつくりたくないという，担任の保育マインドでした。

コメント

★クラス活動をするときに，なかなか入ってこない子どもがいます。そのような子どもたちは，活動のはじめに入れるよう心がけてください。ほかの子たちが待っているので，とりあえず活動を始めておいて，入れなかった子どもは途中で迎えにいくということがよくあります。しかし，すでに活動が始まっていては，よけい入りにくいのです。途中でもたなくなってあとは支援の先生にお願いするということはあっても，活動のはじめだけは，担任がその子をつかまえておいてほしいのです。

担任は，れんと君を見つけるや，「忍者に行くよ」と言ってだっこし，ホールに連れて行きます。

☆エピソード21☆
担任の近くに置いておく

　4歳児の5月。この日は，ホールでのバルーン遊びが用意されていました。「お花が笑った」の歌にあわせて，大きなバルーンをみんなでふくらませます。

　2回めをしようとしたときのことです。ホールのすみで，えりちゃんが椅子に座ったままです。じつは，そのときまで担任は気づいていなかったのですが，えりちゃんの近くにいた子どもたちがざわざわしていたので，「どうしたのかな？」と思ったのだそうです。それで，見てみると，えりちゃんがひとり入りそこねていたのでした。

　担任は，子どもたちに「ちょっと待っててね」と声をかけると，さっとえりちゃんのもとに駆けよりました。「いっしょにしようか」と声をかけましたが，どうしたわけか，この日はもうひとつ乗りきれません。「じゃあ，もう1回ふくらませてくるから，また迎えに来るね」と，元の場所に戻りました。

　「一，二の三」と，再びふくらませたバルーンに子どもたちが群がっている間，担任は，えりちゃんのもとへと向かいました。「行こうか」と誘うと，今度は立ち上がってくれました。手を引いて，担任の横に連れてきます。えりちゃんは，そのまま活動に合流することができました。

コメント

★こぼれ落ちそうな子どもは，担任の近くに置いておく。それが，原則です。

★特定の子どもだけではありません。誰でも，そのときどきで，調子が悪かったり，心配事があったりします。それに早く気づいて，手当してあげましょう。エピソードのクラスの子たちは，担任がいつもそうしていたから，えりちゃんがひとりでいるのを不審に思ってざわついていたのです。

担任は，子どもたちに「ちょっと待っててね」と声をかけると，さっとえりちゃんのもとに駆けよりました。

☆エピソード22☆
時間と場所が違っても，みんなと同じことをさせる

　4歳のななちゃんは，この日もクラスにあまり入れない一日でした。クラスでしていることがまだなじめず，お友だちのなかにも居場所を見つけられずにいるようでした。

　帰りの会が始まっても園内のあちこちを歩き回り，あいかわらず支援の先生を連れ回していました。帰りの会が終わって，子どもたちがいなくなった保育室に，ななちゃんは，支援の先生にだっこされて戻ってきました。私〈佐藤〉の姿を見ると，だっこをせがみます。かまってくれそうな人を，めざとく見つけるのでしょう。

　その瞬間，さっと担任が割って入ってくれました。「ななちゃん，帰りの仕度がまだだったね」と，支援の先生からななちゃんを取り上げます。いっしょに帰り支度をすませると，今度は椅子に座らせ，ふたりだけの帰りの会です。からだをくねらせて逃げだそうとするのですが，担任は譲りませんでした。「いまは，帰りの会です」と，みんなと同じことを，しんと静まりかえった保育室でさせるのでした。

コメント

　保育室に入れない子どもには、時間や場所を変えても、ほかの子どもがしているのと同じ活動を提供しましょう。そうしておかないと、いつになっても周りの子どもとの合流はできませんから。
　「できるところだけ、させればいい」というのは、すこし違う気がします。もちろん、できないことをさせようとしてはいけませんけれど、だからといって、安易に別室で本人の好きなことをして過ごせばいいということにはなりません。それは、「付き人支援」にほかなりません。

「ななちゃん、帰りの仕度がまだだったね」

★コラム4★　居場所とは

　子どもの「居場所」という言葉を，しばしば耳にします。ところで，「居場所」とは，どこを指しているのでしょうか。

　子どもが落ち着かないから，保育室の隅に衝立をしてコーナーをつくる。それでも落ち着かないときは，ホールや職員室にその子が安心して過ごせるスペースを用意する。よくある手だてです。

　しかし，そこを「居場所」と言われると，ちょっと違う気がします。それは，「居場所」ではなくて「避難場所」です。「避難場所」は必要かもしれませんが，あくまで一時的に利用するところだと考えてください。

　ならば，「居場所」とは，どこにあるのでしょう。

　それは，「子ども同士のつながりのなかにある」と思います。私たちが「居場所」を感じるのは，単に快適な空間が用意されたときでなく，自分のことを待っていてくれる人，必要としてくれる人がいるところに身を置いているときです。「あなたはここに必要のない人ですから」と告げられる，つまり戦力外通告されたら，もはやそこに自分の「居場所」はなくなるのです。

　子どもが保育からはずれていってしまうのは，クラスがその子にとってつながる先になっていないからです。担任だけでなく，周りの子どもも，この子がやってくるのを待っていてくれるでしょうか。その子を必要としてくれる風土があるでしょうか。

2　こぼれ落とさない保育の本体をつくる（エピソード23─28）

　そもそもこぼれ落ちる子どもをつくらないような保育を考えたいと思います。保育ネタの仕入れ，かかわり方の工夫，ペアやグループの導入など，やれることはたくさんあります。

☆エピソード23☆
スモールステップでお部屋に戻る

　4歳児のみどりぐみ。戸外での遊びが終わって室内に戻るときは，いったんテラスの前に集まることにしています。

　担任が来るまでの間，子どもたちは，まだ片づけが終わっていない仲間を待っています。隣のお友だちと楽しそうに話しをしている子どももいれば，なかなかやってこないお友だちに「あかりちゃーん」などと声をかけてくれる子どももいます。

　そんなある日，けんちゃんが「いつだって，よるだって，みどりぐみさーん」と言いました。言葉の調子がおもしろかったのか，周りの子どもたちが同じように言い出しました。以来，みんなが集まると，「いつだって，よるだって，みどりぐみさーん♪」と，ちょっとした節をつけながら声を合わせるようになりました。

コメント

　★「外遊びをして，片づけをして，上靴に履き替えて，手を洗って，うがいをして，お茶を飲んで，お部屋で待つ」という行動を一度にさせようとすると，どうしても早い子どもと遅い子どもに差がついてしまいます。とくに，動線が長かったり，やることが複雑だったりすると，遅い子どもはいつまでたってもできず，早くできた子どもは待ち時間が長くて退屈しています。どちらもこぼれ落としてしまうのです。

第2章　置いていかれる子どもの声を聴く　59

　★それを防ぐには，一連の流れを分割します。①片づけをしたらテラスに座って待つ，②テラスで担任のお話しを聞いて部屋に移動する，といったようにです。いわゆる，「スモールステップ」です。

　★テラスで仲間が待っていてくれると，片づけがまだの子どももがんばれます。また，流れに乗れない子どもにしてみると，みんなが保育室に戻ってしまうと園庭でひとり取り残されてしまいますが，テラスにいる仲間の姿が見えているうちは，合流するチャンスが残されています。

　★このような手だては，「スモールステップ」という名称さえついていませんが，保育園や幼稚園では古くから取り入れられています。こうして「あたりまえのことを，あたりまえにすること」が，じつはいちばん大切なのだと思います。

戸外での遊びが終わって室内に戻るときは，いったんテラスの前に集まることにしています。

☆エピソード24☆
なわとびは跳ぶだけではない

　いったんテラスに集まるという流れは，ずっと続いています。でも，冬になると，テラスでじっと待つのは寒すぎます。
　この年，保育園のサンタさんからのプレゼントは，なわとびでした。おうちで名前を書いてもらい，毎朝もってきてもらうことにしました。テラスの前では，片づけが終わった子どもから，なわとびをして待つことにしました。なわとびの始まりの歌は「ドレミの歌」。5歳児が発表会でした曲がとても気に入って，それからずっとクラスで歌ってきました。
　音楽が鳴り始めると，集まってくる子どもたちです。でも，5人ほど，なわとびを嫌がっていました。じょうずにできないから，したくないのでしょう。「いっしょにしよう」と声をかけますが，沈んだ顔です。
　そこで考えたのが，なわとび体操でした。半分に折ったなわを両手で持ってからだを動かしたり，地面の上をはわせたなわを跳び越えたりして遊びます。また，なわとびを輪にして自分の陣地をつくり，笛が鳴ったらそこに戻るという遊びも考えました。体がだいぶ温まります。
　こうしているうちに，はじめは嫌がっていた子どもも，音楽が鳴るとすぐになわを取りに来るようになりました。

コメント

　☆ テラスで待つときも、子どもが楽しめるネタをいろいろ考えてあげたいですね。跳べない子どもは、どこのクラスにもいます。なわとびがあるだけでは、子どもは楽しめません。そこで、なわを使ったいろいろな遊び方を工夫したわけです。手持ちの「なわとびネタ」があればあるだけ、苦手な子どもを救ってあげられます。

　☆「保育づくりはネタさがし」とも言えます。楽しいネタがあれば、保育技術の未熟さも多少は補えます。保育は、つまるところ、子どもが喜んでくれてなんぼのものですから。手持ちのアイディアだけではとうてい間に合いませんので、悩んでしまったときは、保育雑誌などから情報を集めてください。雑誌以外にも、テレビの教育番組などには、使えそうなネタがいくらでもあります。「あっ、これやってみようかな」とひらめく感性も、保育者の才能です。

なわとびで陣地をつくる

☆エピソード25☆
「小さな畑の歌」で誘う，活動に参加できるようなネタの工夫

　4歳児クラスの9月。ななちゃんは，途中入園してまだ2週間。支援の先生がついているのですが，なかなかクラスに入れませんでした。朝の会だけでも入れてあげたいと考えた担任は，この子の好きな活動が何かないものかと，手の空いた時間に一対一でかかわってみました。

　1週間かけてようやく見つけたのが，「小さな畑の歌」の手遊び歌でした。担任は朝の会が始まる前に，ななちゃんを迎えにいきました。これまでは「朝の会をするよ」と言っていたのですが，それではぴんとこないようだったので，「小さな畑の歌をするからおいで」と誘ってみました。

　この日は，いつもより落ち着いていたこともあって，朝の会にはじめから参加できました。もちろん，最初のメニューは「小さな畑の歌」です。「大きなはたけをたがやして」と，楽しそうに両手を動かしていました。

コメント

　「活動に入れない子どもを、どうやって参加させたらいいのでしょうか」と問うのは、もうやめましょう。来てもいいことがないと、子どもはやってこないのです。朝の会に意味を見いだせなかったななちゃんのために、担任は、この子が参加できるネタを見つけたのでした。それが、「小さな畑の歌」でした。「小さな畑の歌をするよ」と誘ってもらったななちゃんは、「それならしてもいいよ」と思ったのでしょう。

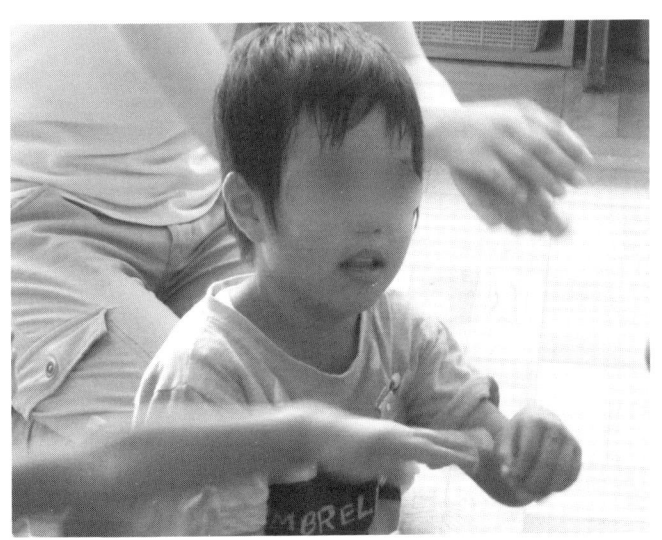

「小さな畑の歌」に合わせて、楽しそうに両手を動かしていました。

☆エピソード26☆
周りの子どもたちにも向けられた「おかえり」

　入園して1カ月足らずのゆうや君，4歳です。朝の集いが始まっていたのですが，まだトイレから帰ってきません。周りの子どもも待ち長いとざわついてくるので，お弁当箱のうたを，振り付きで始めていました。

　かにさんのお弁当箱をしていると，支援の先生に抱えられたゆうや君が帰ってきました。その瞬間，担任は，手遊び歌を続けながら「おかえり」の一言。「これっくらいの♪，お弁当箱に♪，『おかえり』，おにぎりおにぎり♪」と。このタイミングが，絶妙としかいいようがありませんでした。

子どもの情景：レンコンさん

> コメント

　「おかえり」のひとことがタイミングよく言えたのは，ゆうや君がいま部屋にいないということを，担任が意識し続けていたからです。
　「おかえり」という言葉は，ゆうや君だけでなく，周りの子どもにも向けられています。ゆうや君が帰ってきたことを，周りの子どもに知らせているのです。活動からはずれがちな子どもに，担任もクラスの仲間も「関心をよせている」という状況をつくりたいと思います。

手遊び歌を続けながら「おかえり」の一言。

☆エピソード27☆
活動に区切りを設けて，参加するきっかけをつくる

　4歳児クラスでは，運動会を前に，ホールで綱引きをすることになりました。集団での活動に参加しにくいななちゃんは，この日も朝から落ち着かず，保育室を出たり入ったりしていました。

　はじめは，ＡチームとＢチームのふた手に分かれてしてみました。Ａチームがたくさん引っ張ったところで，担任は「Ａチームの勝ち」とコールします。

　ところが，両チームを見ると，引っ張っている子どもの人数がだいぶ違っていました。そこで担任は，「ねえねえ，Ａチームさんが，いっぱいいるね」と投げかけました。数えてみると，Ａチームは16人，Ｂチームは8人でした。「どうする？」と尋ねると，ざわざわしながらも，Ｂチームのほうに何人かの子どもが移動しはじめました。

　ちょうどそのときです。ななちゃんを膝の上に乗せていた支援の先生が，「ななちゃん，どっちに行く？」と誘いました。グッド・タイミングでした。ななちゃんは，すっと立ち上がると，Ａチームの仲間に合流していきました。

第2章　置いていかれる子どもの声を聴く　67

コメント

★たんに保育を流してしまうと，流れに乗れなかった子どもには，最後まで活動に入るチャンスが訪れません。ひとつの活動を仕組むにしても，途中にちょっとした区切りを設けることで，入りにくい子どもに参加するきっかけをつくってあげられます。置いていかれがちな子どもを入れるタイミングを，いつも見計らっておきたいのです。

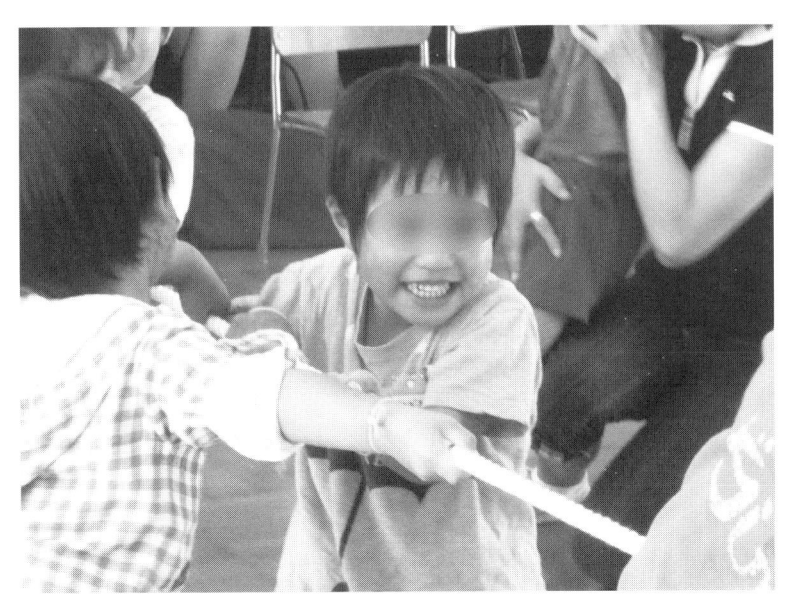

ななちゃんは，すっと立ち上がると，Aチームの仲間に合流していきました。

☆エピソード28☆
ふた手に分かれてシャボン玉遊びをする

　朝の会で，シャボン玉シアターをしました。きつねさんは黄色のシャボン玉，たこは赤いシャボン玉。いろいろな色のシャボン玉を，動物たちが飛ばします。

　シアターが終わると，絵の具の使い方を知らせます。シャボン玉を描かせてみることにしたのです。「たらさないようにね」と声をかけると，「きく組のときに教えてもらった」と，去年のことを思い出して言う子どももいました。

　30人の子どもたちが一斉にすると，場所が狭く，ゆったりと描けないので，2つのグループに分かれることにしました。「庭に出てシャボン玉で遊ぶ」「お部屋でシャボン玉の絵を描く」という2つの活動をイラストで示し，どちらを先にしたいか子どもたちに尋ねると，ちょうど半分半分になりました。

　先に「お部屋でシャボン玉の絵を描く」グループは，15人でゆったりと机を使いました。マルを描いたところに，絵の具で好きな色を塗ります。子どもがシャボン玉をイメージしやすいように，マルの端に小さなストローをつけました。

　「すてきなシャボン玉だね」と声をかけると，パネルシアターを思い浮かべたのか，「きつねのシャボン玉だよ」と話してくれる子どもがいます。こうして，ゆっくりやりとりをしながら，描かせていきます。

　絵を描くのが苦手な彰くんが，絵の具で色づけをしたあと，画用

紙にとりつけたストローをくわえてシャボン玉をふくらます仕草をしていました。なんとも愛らしい姿でした。

コメント

　少人数で活動をすると，子どもたちの言葉を受け止め，やりとりを楽しむことができます。ふだんは見せない表情や仕草に出会えます。

　4月から，保育室のなかを区切ったり，テラスを利用して遊び場を分散したりして，遊びのコーナーを充実させてきました。それぞれのコーナーでは，保育者がそばについていなくても，子どもたちで工夫して遊べるようになっていました。そうしてきたからこそ，子どもたちを半分に分けて，片方ずつかかわってあげることができたのでした。

絵を描くのが苦手な彰くんが，絵の具で色づけをしたあと，画用紙にとりつけたストローをくわえてシャボン玉をふくらます仕草をしていました。

★コラム5★　あたりまえのことをあたりまえにする

　この本に書かれていることは，長く保育の仕事に携わってきた保育者からみると，昔からやってきた「あたりまえのこと」ばかりかもしれません。にもかかわらず，それを本にまとめたのには，理由があります。

　一つには，その「あたりまえのこと」がとても大切だからです。保育の質を高めるためには，「あたりまえのこと」をあたりまえにするしかありません。

　もう一つは，大切なことであるにもかかわらず，それが思いのほか言葉になっていないからです。「あたりまえのこと」は「見て覚える」しかないようなところがあって，いまの時代，若い人には継承されづらくなっています。もちろん，言葉にしたからといってうまく受け継がれるとはかぎりませんが，言葉になっていなかったら，もっと伝わりません。

　ところで，一口に「あたりまえのことをあたりまえにする」と言いますが，実際それができたら誰も苦労しません。できるようになるには20年かかります。保育園でしたら0歳から5歳までの年齢を3回ずつ受け持って一人前という計算です。個性豊かなたくさんの子どもを，毎日長い時間，安全に預かって帰すのです。誰にでもできる仕事ではありません。近ごろは，保育者の「即戦力」とやらが求められますが，そういう考え方じたいが間違っています。保育職は，「即戦力」でできる仕事ではありません。お若い先生方，どうか辞めないで頑張ってください。自分は保育者に向いていないとか，保育がじょうずでないとか言って落ち込まずに，ともかく続けてください。高い志さえもっていたら，必ずすてきな保育者になれますから。

3　子どもをつなぐ（エピソード29―33）

　保育者の実践のなかには，子どもをつなぐためのヒントがたくさんあります。ちょっとした手だてをしてあげるだけで，子ども同士はつながっていきます。

☆エピソード29☆
モノが媒介となって仲間がつながる

　まさや君は，お友だちのなかに入っていくのが，得意でないようすです。

　そこで担任は，まさや君の好きそうなカードゲームを用意してあげました。絵柄を見ながらカードを床に並べているまさや君のところに，しばらくするとお友だちが数人やってきました。いつもはおとなしくて，あまりお話ししないまさや君ですが，この日は，お友だちの質問に，小さな声で答えていました。

子どもの情景：砂あそび

コメント

　子どもをつなぐには，モノが必要です。「お友だちとかかわれない子どもをどうしたらいいですか」といった質問を受けることがありますけれど，まずは，その子が興味をもてるモノを用意しましょう。それを媒介として仲間とつなぐことが，はじめの一歩です。

カードを並べているまさや君のところに，お友だちが数人やってきました。

☆エピソード30☆
真っ赤になった手が, 子どもをつなぐ

　4歳児が, 綱引きをしています。盛り上がってきたところだったのですが, いったん活動が中断されました。

　担任は, 子どもたちに「みんな, がんばってひっぱっていたね。いっぱいひっぱったから, 手が真っ赤になっているお友だちがいるよ」と言って, るい君の手をみんなに見せてくれました。自分の手も先生に見てほしい子どもたちは, つぎつぎと手を差し出してきます。

　もう一度, 綱引きです。子どもたちは, さっきよりいっそうはりきって綱を握ります。笛の合図で綱を緩めると, 今度は子ども同士で手を見せ合っていました。こんな場面をこまめにつくって, 子どもをつないであげたいと思いました。

コメント

★真っ赤になった手が媒介となって、子どもがつながりました。

★子どもをつなぐチャンスは、随所にあります。とはいえ、子ども同士の関係を築くのには、時間がかかります。エピソードのような実践を積み上げていくことが大切なのです。

みんな、がんばってひっぱっていたね。いっぱいひっぱったから、手が真っ赤になっているお友だちがいるよ。

☆エピソード31☆
お友だちがバトンを受け取るのを見届ける

　4歳児クラスです。ホールで輪になった子どもたちは,「お花が笑った♪」の歌に合わせて,隣のお友だちにバトンを渡していきます。ゆうや君は,支援の先生が少し離れていても,自分の椅子に座ることができるようになりました。
　ゆうや君のとなりの美咲ちゃんに,バトンがまわってきたときのことです。美咲ちゃんは,ゆうやくんのほうに体を向け,「はい」とバトンを差しむけてくれました。差しむけるというよりは,ゆうや君が受け取るのを見届けてくれたといったほうがいいかもしれません。
　ゆうや君は,バトンを受け取ると,隣の子どもに渡すことができました。そんなようすを,美咲ちゃんは安心した表情で見守っていました。ゆうや君も,バトンがお友だちに渡っていくのをじっと見つめていました。

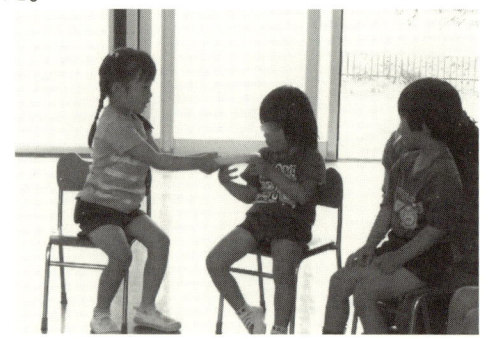

美咲ちゃんは,ゆうやくんのほうに体を向け,「はい」とバトンを差しむけてくれました。

コメント

　バトンを受け取るまで見届けてくれた美咲ちゃんの育ちに，感激です。周りの子どももだいぶ，ゆうや君のことをわかってくれるようになりました。

　美咲ちゃんは，4歳にして，バトンを受け取るゆうや君のことを気遣っていました。反対に，こうも言えます。ゆうや君の存在が，みさきちゃんのそんな素敵なところを引き出してくれたのだと。

　このシーンをみて，美咲ちゃんから学んだことがあります。バトンを相手に渡すのは，言葉を相手に届けるのと同じことなのだと。私たちが語る言葉は，はたしてどれだけ子どもに伝わっているでしょうか。伝わるというより，届いているのでしょうか。言葉はひとに届けるものであり，宛先があります。もちろん，相手が受け取りを拒むことだってあります。ですから，言葉を発するときには，それが，相手に届いているか，受け取ってくれているかということに，もっと意識を向ける必要があります。乱暴な言葉がいけないのは，相手がそれを受け取れないからです。

☆エピソード32☆
異年齢のペアが子どもを変える

　ももっこ保育園では，毎朝，3歳から5歳の子どもたちがホールに集まってリズム遊びをしています。年齢別に出てくる活動もあれば，5歳の子どもが前に出てモデルをつとめる活動もあります。
　さてこの時間帯，今月は，リズム遊びに加えて，異年齢ペアによるサーキット遊びを企画しました。5歳児のつくったサーキットに，3歳と4歳の子どもたちを招待するという設定です。5歳の子どもと3・4歳の子どもとがペアになって，サーキットをまわります。
　5歳のりく君は，とてもかわいらしいほのかちゃんの手を引いてまわります。いつもは衝動的に動き回るのですが，この日ばかりは，ほのかちゃんをリードするのでいっしょうけんめい。落ち着きはないものの，ルートから外れることはありません。楽しいサーキットをいくつかまわり，10分近くがんばったりく君でした。
　しかし，このあとはいつものりく君モードになってしまい，目に入ったおもちゃの方に走っていってしまいます。ほのかちゃんのことを思い出して戻ってくることもあるのですが，やがて行ったきりになってしまいます。
　そうすると今度は，ほのかちゃんがりく君をつかまえてサーキットを回り始めるのでした。なんともほほえましい光景でした。

コメント

　★ペア活動を導入すると，私たちの予想を超えた，さまざまな子どもの姿を見ることができます。ひとりにしておくとどこかに行ってしまう子どもも，子ども同士をつなぐことで，だいぶその場にいられるようになります。
　★しかし，こういう活動は，一朝一夕ではできません。日頃から，園全体で，異年齢活動をだいじにした保育をしているからこそ成立するのです。

いつもは衝動的に動き回るりく君ですが，この日ばかりは，ほのかちゃんをリードするのでいっしょうけんめいでした。

☆エピソード33☆
人間アスレチック，お友だちから仕事を任される

　5歳児の10月。運動会が終わって，2週間がたちました。
　この日のクラス活動は，「人間アスレチック」です。5，6人でチームを組んで，組み体操のような体型を作ります。クラスの人数が35人ほどなので，6チームできました。そのうち4つのチームが体型〈人間アスレチック〉をつくり，残りの2チームはお客さんになって，それぞれのチームがつくったアスレチックをまわります。
　アスレチックの入口と出口とをつくることになったとき，とわ君は入口を任されました。両足を大きく広げて立ちます。来てくれたお客さんは，はじめにとわ君の股下をくぐっていきます。とわ君には，それがとても励みになっているようでした。

子どもの情景：運動会

第2章　置いていかれる子どもの声を聴く

コメント

　人とのかかわりを育てるためには，自分から積極的にかかわるすべを身につけさせるより，むしろこうして，他者からの求めに応えるかたちで人とつながれるよう，導いてあげたほうがいいような気がします。消極的にきこえるかもしれませんが，そのほうが人は幸せになれると，私は思っています。

チームの入り口役を任されたりく君です。

★コラム6★　心理検査・発達検査の「副作用」

　保育に入りづらい子どもがいたときに，いまどきは，専門機関での心理検査や発達検査を勧めることがあります。でも，ちょっと待ってください。
　私が心理検査や発達検査に抵抗感を抱くのには，いくつかわけがあります。
　一つには，「できる―できない」のものさしで人を評価することへの不快感です。入学試験など，よほど合理的な理由がないかぎり，私は人の能力というものを安易に評価すべきでないと思っています。子どもには検査を拒否する機会が与えられていません。子どものためというなら，この本で書いてきたように，「わかる―わからない」の世界を生きている子どもに寄り添うことで，支援の手だてはいくらでも見いだせます。
　もう一つは，心理・発達検査によって子どもが傷ついているという事実です。検査項目の多くは，制限時間が決まっています。問題が簡単なうちはいいのですが，先に進んで難しくなると，子どもがもっとやりたくても打ち切られます。しかも，誤答が続くと，「これ以上やってもできませんね」と烙印をおすがごとく，検査用具が片付けられてしまいます。まだあります。相手（検査者）は答えを知っているのに，ヒントも与えてくれない。試されているとしか言いようがない（実際，人を試すのが検査ですけれど）没コミュニケーション場面で，何を答えていいのかわからない子どもは，ひどく傷ついています。
　それでも子どもに検査を受けさせる必要があるのだとすれば，こういったいわば「副作用」が検査にはあるのだということを，じゅうぶん認識していただきたいのです。

第3章
「承認してほしい」気持ちを聴く
子ども同士が聴き合える保育室に

　子どもの話を聴いてあげなくてはいけないのは，その子のことを承認してあげるためです。子どもは，自分のことを承認してほしくて私たちに語りかけてきます。私たちが上の空で子どもの話を聞いていると，子どもは何度でも同じことを言ってきます。それは，承認してもらっているという実感がもてないからなのでしょう。相手の話を「聴く」こと＝相手を「承認する」こと，なのです。

　もちろん，聴いてほしい，承認してほしいのは，保育者に対してだけではありません。4，5歳にもなれば，お友だちからの承認もほしくなります。それを実現するためには，子ども同士が聴き合う保育室をつくらなくてはいけません。お友だちの話は静かに聴くこと，大きな声を出す人の意見ばかりが通ってしまわないように誰の意見も対等に聴くこと，そんな規律が保育室には必要です。

　さてその手始めは，保育者の言葉数を減らすことと声のトーンを落とすことです。保育者がしゃべったぶんだけ，子ども同士が聴き合う時間が減りますから。

1　保育者の言葉数を減らす（エピソード34―37）

　子どもは保育室に静けさを求めています。心穏やかに過ごせる園生活を保証してあげましょう。でも，心がけだけでは，保育者の言葉数は減らせません。手だてが必要です。

☆エピソード34☆
保育者の言葉数を減らすための視覚支援

　夕方の時間帯。お天気などの都合によって，外で遊べるときとそうでないときがあります。子どもたちが，そのたびに「今日はお外なの？　お部屋で遊んでもいいの？」と訊きにきていました。ひとりひとりに答えていると，こういう時間にちょっと手をかけてあげたい子どものところに行ってあげられなくなります。

　そこで，おやつが終わる頃の時間を見計らって，保育室前のテラスに，「おそとで，あそべるよ」と「おへやで，あそんでね」という二通りのメッセージを絵にした表示を掲げることにしました。子どもたちは，それを見てすぐに動けるようになりました。

　しばらく続けると，「なあなあ，今日は，こっちよなあ」と，その日の空を眺めながら自分たちで表示をもってくるようになりました。やがて，この仕事は，お当番さんの役目になりました。

　はだしで遊んでいいときとそうでないときの区別なども，このやり方で子どもたちに伝えています。保育者の言葉数を，だいぶ減らすことができました。

コメント

★視覚支援は，保育者の言葉数を減らすための有効な手だてです。

★一方で，視覚支援は，子どもに指図をするために使ってはいけません。子どもが自発的に動けるようにするためにあるのです。

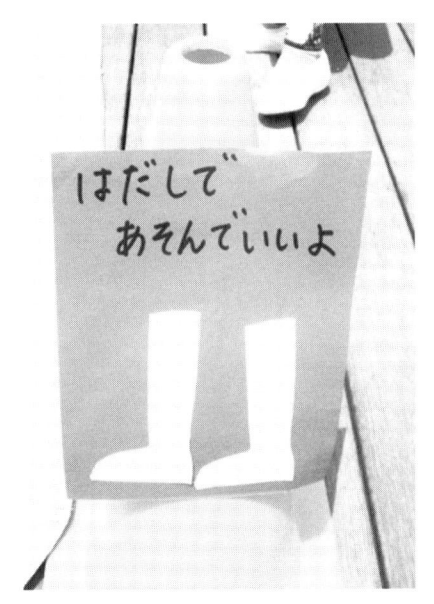

「はだしであそんでいいよ」。子どもたちが見て判断できます。保育士の言葉数を減らすための視覚支援です。

☆エピソード35☆
宛先を告げて，静かに話す

　5歳児のクラスです。子どもたちは，朝の準備がすんで，保育室いっぱい輪になって座っています。みんなで手遊び歌をして，いまから手作り紙芝居が始まります。

　「りんごグループさん，はいどうぞ」と，担任が短く小さな声で呼ぶと，グループ5人の子どもたちが静かに先生の前にやってきます。「ぶどうグループさん……」と，途中で止めると，子どもたちは「はいどうぞ」と言ってもらうのをじっと待ちます。最後までお話しを聞く練習です。

　お話しを最後まで静かに聞くこと，そして呼ばれたときは静かに移動すること。この2つは，どうしても子どもたちに定着させたい振る舞いです。4月から，いえ，3歳のときから，先生たちが繰り返し教えてきたことなのだと思いました。

第3章 「承認してほしい」気持ちを聴く　89

| コメント |

　どんな活動をするにも、静かに話しを聴くことは大切です。話しを聴けるようにするには、「静かにしなさい」と言ってきかせるのではなくて、静かに聴く練習をさせましょう。
　そのとき、「○○組さん」「○○チームさん」といったように、必ず聴いてほしい相手の名前を告げてから話し始めてください。言葉には宛先が必要です。
　また、エピソードのように、次に楽しい活動がひかえているときですと、いい練習ができます。
　規律というのは、子どもたちが安心して生活するためにあります。みんなが静かに話しを聴いたら、とても気持ちよくて落ち着けた。そんな体験をさせてあげたいのです。

「りんごグループさん、はいどうぞ」と、担任が短く小さな声で呼ぶと、グループ5人の子どもたちが静かに先生の前にやってきます。

☆エピソード36☆
説明を聞いてほしいときには，保育者の立ち位置を変える

　5歳児です。これから制作活動が始まります。担任は，それまでのお話しをいったん区切って，立ち上がりました。

　保育室の側方には，小さなボードがあります。担任は，その前に，カードを手にして立ちました。これからすることの説明をするときは，いつも立ち位置を変え，子どもたちには体の向きを変えてもらいます。

　「クレヨンの箱を置くときはどうするかな？」（担任）→「たてに置く」（子どもたち），「どうしてかしら？」（担任）→「おとなりにぶつからないように」（子どもたち）。こんなやりとりが，穏やかに続いていました。

コメント

　★活動の前の説明は、できるだけ短く済ませましょう。一度でわかる子どもに育てるためには、保育者が一度しか言わないことです。

　★説明を聞いてほしいときは、エピソードのように、保育者の立ち位置を変えるのもいいですね。子どもの集中力を保つことができます。ちょっとした手だてなのですが、こうすることで、「静かにしましょう」という言葉を使わずに話しを聴く練習がさせられます。

これからすることの説明をするときは立ち位置を変え、子どもたちには体の向きを変えてもらいます。

☆エピソード37☆
ピアノの音は小さく

　5歳の子どもに，リトミックをしています。さわがしくなると，ついついピアノの音量を大きくしてしまいがちです。
　ピアノの音が前に出すぎると，それに対抗するように，子どもの声はますます大きくなります。ちょっとだけ，ピアノの音量をおさえてみました。すると，子どもの声のトーンも落ちました。

コメント

　★よほどの騒々しさでないかぎり，ピアノの音は聞こえています。小さな音でも，じゅうぶん届いています。
　★このエピソードは，「居酒屋効果」の典型です。夕刻に居酒屋が開店し，早い時間帯の店内はだいぶ静かなのですが，お客が増えてまわりが騒々しくなると，お互いの声が聞きとれなくなるのでおのずと人々の声のトーンがあがります。そうすると，よけい聞こえなくなって，客の声がとんでもなく大きくなります。
　騒々しいクラスでも，同じことが起こっています。そんなときに，いちばん小さくしなくてはいけないのが，保育者の声です。

5歳児のリトミック。ちょっとだけ，ピアノの音量をおさえてみたら，子どもの声のトーンも落ちました。

2　子ども同士が聴き合うための手だて（エピソード38―41）

　子ども同士が聴き合う，しっとりとした保育室をつくりましょう。

☆エピソード38☆
言ってほしいことを言ってもらえる

　まきちゃんは，4歳児。朝の遊びの時間，お部屋で折り紙のバッグを作っていました。できばえに満足してご機嫌なまきちゃんは，近くにいた園長先生に見せに行きました。

　園長先生は，それを見て「わあ，すてき。これをもって，岡山に買い物に行こうかな」と言ってくれました。いつになく嬉しそうなまきちゃんでした。

　朝の集いが始まって，遊んだことの振り返りをしました。まきちゃんは前に出てきて，「岡山にお買い物に行くの」と，ご自慢のバッグをお友だちに見せていました。

まきちゃんは，「岡山にお買い物に行くの」と，ご自慢のバッグをお友だちに見せていました。

コメント

☆ 子ども同士が聴き合う保育室をつくるために，まずは保育者が子どもの話を聴いてあげなくてはいけません。「聴く」お手本を示すのです。

☆ エピソードのような場面では，ただ「じょうずだね」とほめるだけでなく，「子どもが言ってほしいことを言ってあげること」が大切です。そうすることで，子どもは聴いてもらったという実感がもてますし，話しをする甲斐もあるのです。

☆ 「聴く」という営みは，話し手を「承認する」ことにほかなりません。子どもの話を上の空で聞いていると，子どもは同じ話を何度でもしてきます。「承認してもらっている」という実感がもてないからです。

☆ では，どうしたら「承認する」聴き方ができるのでしょうか。聴き手が心の中で承認しているだけは，子どもには伝わりません。それで，「子どもが言ってほしいことを言ってあげること」が必要なのです。「岡山に買い物に行こう」と言ってもらったまきちゃんは，よほど嬉しかったのでしょう。

☆エピソード39☆
お友だちが認めてくれる

　4歳児の朝の集いの続きです。
　振り返りの時間，けんと君は，長くつないだブロックをもってきました。担任はそれを持ち上げて，「すごいね，先生の背より高いよ」と言ってくれました。けんと君は，満足そうに，自分の作ったブロックを見上げていました。
　まさ君は，スクーターで遊んだことを報告してくれました。担任は，「まさ君がスクーターに乗っていたのを，見ていてくれたお友だちいる？」と，周りの子どもに訊いてくれました。何人かの子どもの手が挙がりました。「かっこよかった」「はやかった」などと，反応してくれます。先生も仲間も，みんなが話しを聴いてくれて，言ってほしいことを言ってくれるクラスでした。

子どもの情景：みせて，みせて

第3章 「承認してほしい」気持ちを聴く　97

> コメント

　☆子どもが言ってほしいことを言ってあげるのが，先生の仕事です。そして，同じようにお友だちも言ってくれる。そんなクラスができたらすてきですね。
　☆保育者の言葉数を減らし，子どもの言葉をつないでいくと，そんなことも不可能ではなくなります。

「すごいね，先生の背より高いよ」

☆エピソード40☆
「いっしょに砂場で遊んだ人，前に出てきてお話ししてくれる？」

　4歳児，さっきまでしていた外遊びの振り返りが続きます。5月ということもあって，まだ言葉がたどたどしい子どもたちです。

　りょう君が手を挙げて，前に出てきました。「お砂場で遊びました……」と話すも，言葉が続きません。しばらく待ってみましたが，うつむきはじめてしまいました。

　そこで担任は，「じゃあ，みんなにも聴いてみていいかな？」とりく君に尋ねました。りく君がうなずくと担任は，「りく君が，お砂場で遊んでいたってお話ししてくれたけど，いっしょに遊んでいたお友だちがいるかな？　前に出てきて，どんなことをしたかお話してくれるかしら」と投げかけました。

　7人の子どもたちが出てきて，順にお話ししてくれました。担任は，りく君に寄り添いながら，いっしょに聴いてくれました。

コメント

　子どものお話しが止まってしまったときに、どんな手だてがあるのでしょうか。保育者が代弁してあげるのもいいですが、お友だちがたくさんいる保育園や幼稚園では、エピソードのように、同じ体験をした子どもに語ってもらうといいでしょう。
　体験を共有している子ども同士が言葉を交換することで、子どもの言葉は育ちます。振り返りは、言葉を育てるためにもあります。

「りく君が、お砂場で遊んでいたってお話ししてくれたけど、いっしょに遊んでいたお友だちがいるかな？　前に出てきて、どんなことをしたかお話してくれるかしら。」

☆エピソード41☆
「みんな見たっ？ 聴いたっ？」

　5歳児の2学期です。クラス活動に入る前に担任は、「みんなが大切にしているものって何かな？」と尋ねました。
　しょうこちゃんが、小さな声でぼそぼそっとお話ししました。担任は、それを聴いて「ねえねえ、みんな聴いた？」と、周りの子どもにしょうこちゃんの言葉をつないでくれました。
　聴いていた子もいましたが、ほとんどの子どもがきょとんとしています。そこで担任は、「しょうこちゃん、いまの、すてきなお話しだったから、もう一度お話ししてもらっていいかな」としょうこちゃんに頼んでみました。
　もう一回、さっきよりすこし大きな声で話してくれたのは、「おともだち」でした。「みんな、どう？」と投げかける担任に、周りの子どもたちは「うんうん」とたくさん頷いてくれました。

「ねえねえ、みんな聴いた？」

コメント

★互いの話を聴き合える保育室にしたいのです。お話しは，聴いてくれる人がいると，上手になるものです。みんなが聴いてくれると，話す甲斐もありますし。

★エピソードのように，「ねえねえ，みんな聴いた？」と，話した子どもの言葉を周りの子どもにつなげてあげることはとても大切です。話しをした子どもの言葉を，周りの子どもがしっかりと受け止める。そして，子ども同士で承認しあう。学校まであとすこし，5歳児にはそんなことを育てていきたいですね。

★子どもの言葉をつなぐために，避けたいことを二つ挙げます。

ひとつは，「リボイス」です。子どもの言った内容を保育者が繰り返してしまう「リボイス」を続けると，子どもたちはお友だちが話しているのを聴かなくなります。先生の言葉のほうが，はっきりしていて聞きやすいからです。

もうひとつは，「他にありませんか」ときいてしまうこと。がんばってお話ししても，「他にありませんか」とあっさり言わると，自分の発言が却下されたみたいで，がっかりしてしまうかもしれません。

「○○さんがお話ししてくれたんだけど，みんなどう？」とか，「○○さんみたいに，こんなこと考えたよって人いる？」とか，子どもの言葉をつなぐフレーズをいろいろ工夫してみましょう。

★コラム7★　園内研修のもちかた

　園内研修で，保育の振り返りをする機会があると思います。そんなとき，参考にしていただけそうなことがらを，いくつか箇条書きにしてみました。

研修の準備

○振り返りの対象とする一クラスを決めます。

○担任の希望する場面を30分から1時間くらい切り出して，写真やビデオに撮ります。カメラに収めるのは，保育のしかたというよりは，子どもの育ちです。子どもの表情や動きを，アップで撮影します。

○この時間帯には，数分ずつでもいいので，できるだけ多くの職員に子どものようすを見にきてもらえるよう，頼んでおきます。

研修の進め方

○時間は1時間を目処に，長くても1時間半以内で終えるようにしましょう。

○撮影した写真やビデオをプロジェクターで映し出しながら，一人ひとりの子どもがどんなふうに育っているのか，反対に，育ちに心配があるのかを語ります。子どもの話を脇に置いて，保育のしかたがいいとか悪いとか，そういう話しをするのはやめましょう。

○このような研修を，私は「子どもの育ちを語る会」と言っています。子どもの育ちを語り合える職場は，職員にやる気と元気をもたらします。自分の保育で子どもが成長している事実を同僚に認めてもらえると，とくに若い保育者には大きな自信になります。

○子どもの育ちが心配なときは，その理由を安易に子どもの発達や家庭の問題に求めたり，担任個人の保育技術の未熟さに求めたりしないでください。個々の子どもの問題は，園全体の問題であることが多いのです。園として何ができるのかという観点から，みんなで手だてを考えましょう。

第4章
子どもの「やりたい」を聴く
保育内容を工夫して,「やりたい」をつくる

　第4章のテーマは,子どもの「やりたい」を聴く,です。第2章では,「こぼれ落とす子どもをつくらない保育」をキーワードにして,お話しを進めました。「こぼれ落とさない」という言葉には,「困り感」のある子どもだけでなしに,「やりたい」と強く願っている子どももこぼれ落としてはいけないというメッセージを込めています。そんな保育を実現させるためには,保育方法とともに,保育内容の充実も求められています。

　本章では,第3章で取り上げた「子どもをつなぐ保育」を前提にしつつ,子どもにより質の高い「やりたい」を育てる保育について考えたいと思います。子どもがちょっと背伸びをして楽しめる活動を,1年を通して計画しましょう。ふだんの「やりたい」に耳を傾けると同時に,この子たちがいまだ経験したことのないような「やりたい」をつくってあげるのも,私たち保育者の仕事です。

1　リーダーを「やりたい」（エピソード42―44）

　リーダーさんは，子どもの「やりたい」ことのひとつです。リーダーさんを育て，決められた活動にみんなで取り組むことの大切さを教えましょう。

☆エピソード42☆
ままごと遊びの片づけリーダー

4歳児です。保育者といっしょに片づけをしてきて半年ほどしたころ，片づけのじょうずな子どもには，「片づけリーダー」になってもらいます。

ある日，ままごとの片づけが始まりました。互いに声をかけ合いながら，使った道具を手際よく，棚や箱に戻しています。最近は，どんなに時間がかかっても子どもたちだけでできるよう，見守ることにしています。

そんなとき，砂場の片づけが終わったのんちゃんがやってきて，ままごとの片づけを手伝おうとしました。すると，お皿を片づけていたりなちゃんが，「のんちゃんは，ままごとのリーダーではないでしょ」と少し強い口調で言いました。のんちゃんは，「あっかんベー」をしながら，その場を去っていきました。

その後も，ままごとコーナーの片づけは続き，子どもたちだけでやりきりました。片づけができるようになると，「きれいに片づくと気持ちいい」ということがわかってきます。ままごとリーダーのりなちゃんは，最後まで自分でしたかったのでしょう。

コメント

　先生といっしょに片づけ方を覚える，最後までやりきる気持ちよさを知る，そして仲間といっしょにする楽しさを味わう。片づけは，いろいろな学びを子どもにもたらします。

片づけができるようになると，「きれいに片づくと気持ちいい」ということがわかってきます。

☆エピソード43☆
お友だちが最後まで片づけるのを待つ

　自分たちで片づけができるようになると、そばについていなくても大丈夫です。「任せたよ」と声をかけ、保育室で待っている子どもたちのところに行ってあげます。うたを歌ったり、クイズを出したりして待ちます。多少時間がかかっても、任せた以上は、「早く片づけようね」とは言わないようにしています。

　片づけが終わって、クラスに戻ってくる子どもたち。どの子も、やっと終わったという表情です。「先生がいなくても、最後までじょうずに片づけができたね。片づけリーダーさんありがとう」と、そのたびにほめます。

　そうしているうちに、待っている子どもたちも、どうして待つのかがわかってくるのです。

子どもの情景：いっしょに片づけ

コメント

　※片づけにかぎらず，ひとつのことを最後までさせきることは，とても大切です。
　※待っている子どもが，なぜ待つのかわかっている。これもまた，だいじにしたいことです。最後まできちんとすることの値打ちを，片づけている子どもも，それを待っている子どもも共有するのです。

「旗は，くるくるって巻いてしまうんだよ」。自分たちで片づけができるようになると，そばについていなくても大丈夫です。

☆エピソード44☆
「リーダーはだれ？」，自分たちで考える子どもに育てる

　人数報告は，お当番さんの仕事。「きょうのみどり組さんは，33人です，よろしくお願いします」と，練習してから職員室に向かいます。

　当番活動をはじめたころは，「一番に行きたかった」とか，「抜かした」とか，トラブルが絶えませんでした。そこでリーダーを決め，「リーダーが先頭」という約束にしました。なかなか列になれなかった子どもたちも，しばらくするとリーダーの後をほどよい間隔をあけて歩けるようになりました。

　週が変わると，リーダーも替わります。この日，当番の子どもたちが前に出てきたのですが，職員室に向かうときになっても，だれひとり先頭に立とうとしません。しばらくようすを見守りました。

　子どもたちは，「私は，もうやった」などと言いながら，互いに顔を見合わせています。じつは今週のリーダーはしょうちゃんなのですが，さっきから椅子に座ったまま，ひとり不安そうにしていました。はじめてのリーダーなので，自信がなかったのです。当番表を見にいったまどかちゃんが，「しょうちゃん，リーダーよ」と言うと，女の子たちがしょうちゃんを先頭に押し出しました。やっと出発。まわりで見ていた子どもたちも，一安心でした。

コメント

★子どもが困っているときは，エピソードのように，子ども同士で問題解決をさせるのもいいですね。すぐに助け船を出すのではなく，子どもたちに考えさせる保育を大切にしたいと思います。

リーダーはだれ？

★コラム8★　視覚支援の使い方

　視覚支援が普及しています。大切なのは，その使い方です。
　当番活動のときに，はじめてリーダーを務める子どもが前に出てこられず，待っている子たちが困惑していたというエピソード（エピソード44）がありました。こんなとき，その子には，「今日は，あなたがリーダーですよ」と事前に伝え，することをカードに書いてあげるといった支援方法があったかもしれません。
　しかし，この場合，それよりも優先させたいことがありました。自分たちで考え，問題を解決してほしかったのです。保育者は，子どもたちの力を信じて，すこしだけ待ってみることにしました。しばらくすると，一人の子どもが，リーダーのローテーションを示した表が壁に掛かっているのを思い出し，見に行ってくれたのでした。
　支援の必要な子どもを仲間とのつながりのなかで育てていくのが，保育園や幼稚園の保育です。たんに子どもにわかりやすいという理由だけで視覚支援を使うのは，あまり感心しません。

――☆☆☆――

2　お手伝いから当番へ（エピソード45―47）

　当番は，先生のお手伝いから発展させます。先生に仕事を任され，楽しく活動に取り組みます。

☆エピソード45☆
子どもがしたいと思える当番へ

　「給食のあとのそうじ」を当番の仕事にすると，食べるのが遅い子どもには，「当番さんは，早く食べようね」などと，つい言いたくなってしまいます。給食も早く食べないといけないし，あわてて食べてもあまり楽しくないそうじが待っているのだとすると，当番の仕事じたいが嫌いになってしまいます。

　そんな子どものことを考えながら，当番の仕事を見直しました。当番活動は，やはり，子どもがしたいと思えることから始めなければいけないと。

　朝の集いのはじめに先生の代わりを勤める係，給食の配膳をする係，そして「いただきます」をする前にクイズを出す係。クイズを考えるときは，当番だけが見ることのできる絵本も用意しました。当番の子どもは，わくわくです。

子どもの情景：お当番さん

コメント

　当番は，楽しい活動。これが，原則です。
　当番ならではの特権があると励みになります。冬になって，冷たい水を使ってけなげにぞうきんを洗っていたので，「冷たいよね，この特別なクリームを塗ってあげるね」と，当番の子どもたちの手につけてあげたこともありました。

朝の集いのはじめに先生の代わりを勤める係

☆エピソード46☆
みんなで協力してこぼさないようにする

　保育者のお手伝いから始まった，給食の片づけ当番です。「給食の片づけを手伝ってくれる人？」と尋ねると，何人かの子どもが手を挙げます。保育者といっしょに作業をしながら，掃除の仕方を覚えます。ぞうきんをかたくしぼって，床もふいてくれます。

　ある日のこと，給食の時間の終わりに，いつも片づけを手伝ってくれるお友だちを呼び，前に立ってもらいました。担任が「いつも片づけをしてくれてありがとう。おこぼしがいっぱいだったらどう？」と尋ねると，「そうじがたいへん」とれんじ君。毎日，黙々とお手伝いしてくれる子です。

　そこで担任は，座っている子どもたちに向けて，「そうよなあ。じゃあ，どうしたらたいへんじゃなくなるかな？」と投げかけました。もえちゃんが「みんながこぼさなかったら楽かも」と言うと，ふうちゃんが「こぼした人が拾えばいい」と続けます。

　担任が，「じゃあ，掃除してくれるお友だちのために，こぼさないように食べてみようか」と呼びかけると，みんなが「うん，うん」とうなずいていました。

第4章 子どもの「やりたい」を聴く 117

| コメント |

　★子ども同士がお話しをして，当番の意味を確認しました。当番ががんばり，周りの子どもがそれを支えます。みんなで協力してこぼさないようにすることの大切さを，子どもたちは実感しはじめたのでした。

☆エピソード47☆
楽しいふとん敷きを当番活動へ

　ふとん敷きに喜んでくる子は，几帳面な子どもが多いようでした。きれいにふとんを並べ，一人ひとりの掛けふとんをしわのないように広げていきます。
　お気に入りの場所に敷けるのも，ふとん敷きを手伝う子どもの特権です。「あっ，それ，おれのふとん」と，好きなお友だちのとなりに自分のふとんをもっていきます。
　三学期になって，ふとん敷きや給食のあとのそうじを，当番活動として取り組ませることにしました。ふとん敷きのお手伝いを極めた子どもは，チームのお友だちにコツを教えていました。はじめてする子どもは，戸惑いながらも一生懸命に覚えます。
　こうしているうちにおのずとリーダーが決まり，保育者がいなくても，自分たちで相談しながら当番活動ができるようになりました。

第4章　子どもの「やりたい」を聴く

> **コメント**

　★保育者のお手伝いを，当番活動に発展させました。
　★子ども同士が相談しながら活動する保育をしたいですね。「参加」とは，だれもが自分の意見を対等に扱ってもらえる状態のことをいいます。それには，自分の意見が言える場面をつくってあげるとともに，相手の意見を聴くことの大切さも教えないといけません。当番活動は，「参加」を育てる営みでもあります。

★コラム9★　当番活動のねらい

　ねらいが明確な保育には，メリハリがあります。当番活動ひとつとっても，子どもに育てたいことがらがいくつも挙げられます。

　○リーダーを育てるとともに，リーダーを支えるフォロアーを育てます。
　○勤勉性を育てます。勤勉性とは，年齢に応じて社会的に期待される行動に，継続して従事することです。学齢前では，自分の身の回りのことを自分ですることに加えて，お手伝いや当番活動に取り組むことが期待されます。学童期になると，ボランティア活動への参加といったことも期待されます。「まだ5歳なのに，こんなお手伝いもできるのですね」と，周りの人から承認され，頼りにされる子どもに育てましょう。
　○ものごとを最後までやり遂げる習慣を養います。一人ではできない子どもも，仲間のモデルや助けがあれば，最後までやり遂げられるのです。
　○問題解決に向けて，自分たちで考え，相談する力です。大きな集団で自分の意見が言えない子どもには，小さな集団での練習が必要です。目的がはっきりしている当番活動をめぐってならば，より意見が述べやすいと思います。もちろん，お友だちの意見もしっかり聴けるように育てます。

3　1年を通して「やりたい」をつくる（エピソード48―55）

　子どもたちには，質の高い「やりたい」を提供しましょう。子どもがちょっと背伸びをして取り組めるような保育内容を用意してあげたいのです。

☆エピソード48☆
野菜作り，経験したことをゆたかに表現する

　ポップコーンのできるトウモロコシを植えました。芽が出はじめの頃，「先生，ストローみたいなはっぱが出てきたよ」と言いにきてくれた子どもがいました。
　収穫が終わって，ポップコーンをつくってからも，子どもたちは自分たちで体験したことをさまざまな方法で表現してくれました。粘土をちぎって淡々とポップコーンを作り続けたり，自由画帳いっぱいに焦げたポップコーンを描いたりと，子どもたちは自分のからだで感じたことをいっしんに表現していました。

ストローみたいな葉っぱ

第4章 子どもの「やりたい」を聴く

コメント

　* 野菜作りのような，継続の柱となる活動がクラス運営には欠かせません。水やり，草取り，害虫探し，そして収穫と，お友だちといっしょにするからこそ楽しめる活動が，保育園や幼稚園にはあります。

　* 野菜作りを通してじかに体験したことが，一人ひとりの表現活動につながっていきました。

粘土でつくったポップコーン

自由画帳に描いたこげたポップコーン

☆エピソード49☆
菜飯を作る，楽しかった経験はお話ししたい

　野菜作りは，まだまだ続きました。大根の収穫後は，おでんパーティーをしました。そうそう，菜飯も好評でした。

　青いものが嫌いなあさひ君。給食でほうれん草がでると，ゆううつになって他のおかずまで食べたくなくなるときがあります。きっと菜飯も食べないだろうと思いましたが，おでんパーティーの翌日に，「菜飯パーティー」と題して，子どもたちの目の前で菜飯をつくってみせました。すると，なんとあさひ君は，炒めた大根葉をごはんの上にのせて，「おいしい」といって食べてくれました。

　家に帰ってから，子どもたちは菜飯づくりのことをたくさん話したようでした。楽しかったことは，だれかに知らせたいものです。あまりに評判がよかったので，残った大根葉を少しずつ子どもに持たせ，おうちの人にはレシピを配りました。クラスの掲示板には，子どもに種を見せたときからポップコーンができるまでの写真を貼り，保護者に見てもらいました。お迎えのときには，「見て見て」と言いながら，子どもたちが野菜の作り方を教えていました。

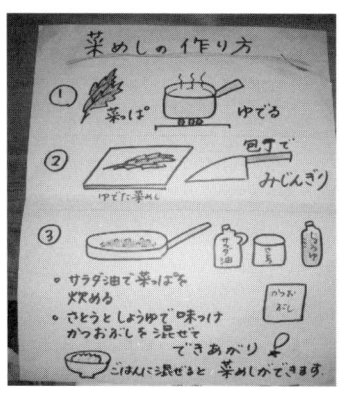

レシピ

第 4 章　子どもの「やりたい」を聴く

コメント

　野菜作りのような継続した活動は，一人ひとりの子どもにとって，かけがえのない経験になります。表現する力を育てるためには，だれかに伝えたくなるような，印象深い体験が必要なのだと思います。表現したくなるなにものかを，子どものなかに育てるのです。

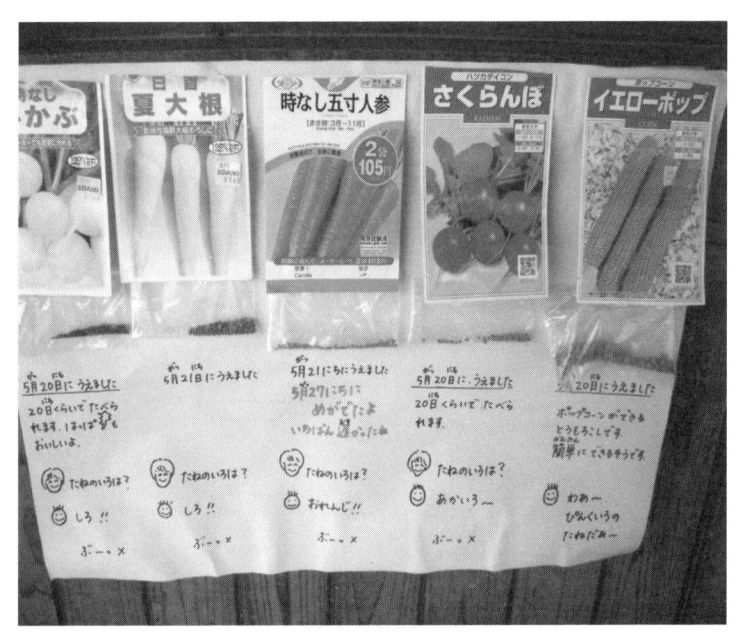

クラスの掲示板には，子どもに種を見せたときからポップコーンができるまでの写真を貼りました。

☆エピソード50☆
おばけやしきが「やりたい」

　5歳児は，夏祭りのためのおばけやしきを作っていました。4歳児のみどり組は，「恐い」と言いながらも大喜びです。
　翌朝，朝の集いでの子どもたちとのやりとりです。「先生，みどり組もおばけやしきしたいなあ」(子どもたち)→「でも，空いたお部屋がないしねえ」(担任)→「この部屋をおばけ屋敷にしたら，給食が食べられなくなっちゃうよ」(子どもたち)と。
　そこで担任は，壁面を指して「それなら，ここにおばけ迷路を作る？」と提案しました。「うん，そうする」と，子どもたちはひとまず納得してくれました。
　次の日から，おばけづくりが始まりました。壁面には，「おばけ迷路」が広がっていきます。ひろと君は，家でおばけの絵を描いてきました。「日曜日に，『迷路を作るのが楽しみだ』と言いながら，広告の裏に一生懸命おばけを描いていたんですよ」とお母さんが話してくれました。
　そんなある日，かい君は，夏休みの旅行に行ったときに買ってもらった鬼太郎のTシャツを着てきました。子どもたちが鬼太郎の話で盛り上がっているのを見て，担任は，「運動会は，おばけ迷路から，おばけオリンピックに発展させてみたらどうだろう」と考えつきました。子どもたちにそのことを話すと，「めだまおやじ」「こなきじじい」「ぬりかべ」などと，たくさんの名前があがりました。
　翌日，保育室の絵本コーナーには，鬼太郎の図鑑を揃えました。

第 4 章　子どもの「やりたい」を聴く　127

コメント

　みどり組の子どもは，年長の子たちがつくったおばけやしきが楽しくてしかたなかったのでしょう。そんな気持ちを聴いて始まった「おばけ迷路」でした。

　おばけブームは，そのあとの運動会につなげていきます。子どもたちの「やりたい」が，ますます発展していきます。

壁面には，「おばけ迷路」が広がっていきます。

☆エピソード51☆
ふだんからの積み重ねが行事で生きる

　「おばけオリンピック」では，いろいろなおばけをモチーフにしたサーキットアイテムをつくりました。鬼太郎のキャラクターは，子どもたちを引きつけました。跳び箱でつくった障害物を見せて，「ぬりかべは，壁を登って跳ぶのが上手なんだよ」と話すと，子どもたちは何をするのかイメージしやすいようでした。はじめてのことが苦手なみどりぐみの子たちも，「これならできる」と思ったのでしょう。安心した表情をみせていました。

　サーキットは，かさばけチームやめだまおやじチームなど，6つのチームに分かれて回ります。チームの紹介をして模範演技をしたら，各チームがいっせいにスタートしますので，待ち時間がありません。一巡したら笛を鳴らし，退場します。

　運動会の当日，子どもたちは，チームのリーダーを先頭にてきぱきと並んでいました。リレー競技でも，同じようにできました。競技が終わってからも，どこへ行って何をするのかが，すべてわかって行動していました。

　ふだんから，当番活動のときにリーダーが前に立って動いてきたことが，こういう場面で生きてきます。

コメント

　行事参加のポイントは，やはりイメージづくりです。はじめてのことが苦手なみどり組の子どもたちでしたが，人気のキャラクターに結びつけてイメージづくりをすることで，すんなりと活動に取り組むことができました。

　集団のなかで子どもたちに求められているさまざまな振る舞いがあります。行事の前になってから教えるのでは，行事そのものを楽しめません。そういうことを身につけさせるのには，日頃からの積み重ねが大切です。

鬼太郎のキャラクターをイメージしてサーキットをつくりました。「ぬりかべは，壁を登って跳ぶのが上手なんだよ」と話しました。

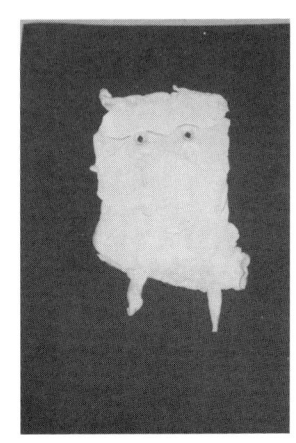

子どもが粘土でつくったぬりかべです。

☆エピソード52☆
子どもの「やりたい」を運動会につなぐ

　運動会モードになってきた9月。朝，みどり組に入ると，何人かの子どもが机の下に隠れていました。気づかぬふりをして朝の準備をしていると，「わっ，おばけだぞ」と，担任を驚かそうとします。すこしおおげさに「わあ，びっくりした」と言うと，子どもたちは「やったあ」と，大喜びです。次の朝も，子ども同士で相談したのか，違う場所に隠れています。おばけ屋敷はできませんが，おばけになって驚かす遊びはできそうです。

　クラスではさっそく，紙袋でおばけをつくることにしました。「部屋を真っ暗にして，かみぶくろおばけになって，園長先生をびっくりさせよう」と，狭い机の下に，肩を寄せ合って隠れている子どもたちでした。

　この活動は，運動会の親子競技「おばけをさがせ」につなげていくことにしました。

　運動会当日，子どもたちは紙袋をかぶり，服にもカラーポリ袋をかぶせました。かみぶくろおばけに変身です。保護者は，変装したわが子を探すのですが，なかなか見つかりません。それでも，じっと待っている子どもたちです。見つけてもらった子どもは，ほっとした表情で親を見あげていました。

第4章 子どもの「やりたい」を聴く 131

コメント

　お祭りムードが大好きな子どもがいます。新しいことにすぐ飛びつく子どももいます。一方で，ふだんの生活が淡々と繰り返されていた方が安心できていいのだという子どももいます。どの子の思いも引き受けて，クラスをいかに運動会に向けていくか。考えだすときりがありませんが，ここは保育士の腕の見せ所です。

　エピソードのように，いつもの活動を少しずつ発展させ，気がついたら運動会になっていた。そんな保育ができたらすてきですね。

朝，みどり組に入ると，何人かの子どもが机の下に隠れていました。

運動会当日，子どもたちは紙袋をかぶり，服にもカラーポリ袋をかぶせました。

☆エピソード53☆
劇遊び,「できる」と思わないと入れない

　劇遊びのシーズンです。この年は,「ぶたぶたくんのおかいもの」注) をすることになりました。

　こういうことが得意でないたいせい君なのですが,この子の好きな「ポップコーン♪」の曲を取り入れることで,どうにか参加できないものかと考えました。劇の最後,主人公がおうちに着くと,「じょうずにお買い物ができたごほうびに,お母さんがポップコーンを作ってくれる」という設定にしました。そこで流すのが,「ポップコーン♪」の曲です。これまでも親しんでかけていた曲だからか,たいせい君はとても安心したようすで,練習のときはその場面だけ参加していました。

　数日後,劇の配役を決めるときには,「カラスになりたい」と言ってくれました。すぐにお面や衣装もつくりましたが,練習ではお友だちがしているのをじっと見ているだけでした。でも,最後の「ポップコーン♪」の曲の場面だけは出つづけていたので,毎回しっかりほめてあげました。

　その後も,椅子に座ってみんなのやりとりを見ているばかりのたいせい君でしたが,発表会の直前になって,すっと中に入ってきました。前日には,はじめて最初から参加できました。せりふも全部覚えていました。

第 4 章　子どもの「やりたい」を聴く

コメント

　*たいせい君は,「できるかなあ」ではなくて,「できる」と本人が思わないと, 参加できなかったのでしょう。活動に入れない子どもには, それぞれの理由があるのだと思います。たいせい君のように, そこで行われていることが何なのかが納得できないと, 心配で入れない子どももいます。はじめは眺めているだけでも, ひとたびすることがわかると, すんなり入れる子どももいるのです。
　*できるかぎりの手だてをして, あとは子どもが納得するまで辛抱強く待つ。行事への参加が難しい子どもには, そんな心構えで接したらいいと思います。

注)「ぶたぶたくんのおかいもの」。こぶたがいて, いつでもどこでも「ぶたぶたぶた」と言うくせがあるので,「ぶたぶたくん」というあだ名がつきました。ある日, ぶたぶたくんは, お母さんに頼まれて買い物に行くことになります。途中, カラスやくまに会って, 楽しいお話しをします。しらないうちにだいぶ遠くまで来てしまうのですが, なんとか無事に家まで帰り着くというストーリーです。

☆エピソード54☆
お友だちの期待に応える，博士を任されて

　いやいや参加しているひろし君の姿を見るのはつらいと思いながらも，劇遊びの配役について，子どもたちと話し合いをすることになりました。「カラスになりたい人？」「ぶたぶたくんになりたい人？」などと，やりたい役を訊いていったのですが，どれにも応答しないひろし君でした。

　決められない子どもがほかにもいたので，続きはまた明日みんなで話すことにして，ここはいったん劇遊びの絵本（ぶたぶたくんのおかいもの）を読むことにしました。絵本のなかには家に帰る地図があるのですが，そのページをじっと見ていたわたる君が，「ひろしくん，何でも知っているから，博士にしたらいい」と言いだしました。そうすると子どもたちのなかから，「はかせ，はかせ」と，はかせコールが起こりました。「ひろしくん，はかせになる？」と尋ねると，「うん」とうなずいてくれました。

　家に帰る地図を見てもわからないぶたぶたくんたちが，「はかせ，はかせ」と言って，「はかせ」を呼ぶシーンです。練習では，ひろし君の大好きなてつ君が，はかせに加わりました。白い半袖シャツを直してはかせの服にしてあげると，少し照れながらも，いっしょうけんめいに役を演じていました。

| コメント |

　★どの役にするかと尋ねられても，選択肢のなかにしたいものがなければ，選べません。周りの子どもたちのほうが，そんなひろし君の気持ちをわかっていてくれたのでした。
　★自分のやりたい役を自分で決めるのもいいのですが，人から求められた役をするというのもまた，すてきなことです。たんに役目を与えられただけでは，人は動きません。仲間から期待された役をする，つまり他者の期待に応えようとしたときに，人は力を発揮します。

博士の役になったひろし君とてつ君

☆エピソード55☆
ねずみの嫁入り，自分たちの言葉でつくる劇遊び

　運動会が終わってしばらくしたころ，「ねずみの嫁入り」の読み聞かせをしました。子どもたちの反応は上々でした。
　翌日の朝の集いでは，お話しを思い浮かべながら，子どもたちと表現遊びをしてみました。壁がねずみに食べられる場面では，壁になってみじんも動かなかった子どもたちが，ねずみにかじられるにつれて，それはじょうずに崩れていきました。
　そんなようすを見ていて，この年の発表会では，劇遊びとして「ねずみの嫁入り」をすることにしました。発表会まではしばらく時間があったので，朝の集いのなかで，お話しを劇にするためのせりふを少しずつ子どもたちと考えていきました。「雲はどうして太陽より強いの？」と尋ねると，「雲は太陽を隠すから」と子どもたち。「くもさんくもさん。世界で一番偉いのは誰ですか？」と訊くと，「かぜさんです」と答えます。さらに「どうしてですか？」と問うと，「くもさんをふき飛ばすからです」などと，子どもたちは自分の言葉でお話しします。こうやって子どもたちの言葉を編んでいくことで，劇遊びの台本はおのずとできあがっていきました。
　ねずみのほかには，太陽，月，雲そして風と，役を決めて子どもたちは順に舞台に立ちます。最後の場面は，全員がねずみになることにしました。「世界で一番強いのは，ねずみさん。ねずみさんに変身」と言うと，お面をつけかえて舞台を動きまわります。フィナーレは，ねずみの結婚式。女の子は，かわいいレースのスカートをはいて登場です。

第4章 子どもの「やりたい」を聴く

> **コメント**

　★ふだんの保育の中で，表現遊びや言葉のやりとりをしていくうちに，いつのまにかできあがった台本でした。「やりたい」という声をたくさん聴きながら，子どもたちといっしょに劇を作り上げていく過程を大切にしたいと思います。

　★発表会の題材選びで苦労する保育者は，少なくありません。劇遊びとして「ねずみの嫁入り」を選ぶにしても，年齢やクラスの実態によって，さまざまな劇ができあがります。この年の子どもたちは，身体全体をつかって表現するのが得意だったので，動きのある場面をたくさんつくりました。

壁がねずみに食べられる場面では，壁になってみじんも動かなかった子どもたちが，ねずみにかじられるにつれて，それはじょうずに崩れていきました。

★コラム10★　カスタマイズ

　カスタマイズとは，既存の商品などに手を加え，好みのものに作り替える（改造する）ことです。車好きの人は，愛車をとことん改造してカスタマイズしています。最近では，賃貸のお部屋のカスタマイズといった言葉もよく耳にします。

　それをヒントに，「保育のカスタマイズ」という言い方をしてみました。保育を，子どもの好みのものにアレンジするというほどの意味です。用意した保育の流れに乗れなかったり，内容にコミットできなかったりする子どもがいたときに，もとのプランを下敷きにしながらも，そこに手を加えて，その子の好みに合わせた保育を計画します。「これならしてみてもいいよ」と子どもが言ってくれるような保育にカスタマイズするのです。

　とはいえ，その子だけまったく別のプログラムというのはまずいと思います。周りの子どもたちにしてあげたことは，する場所と時間が違っても，同じようにしてあげたいのです。「保育のカスタマイズ」は，インクルーシブ教育を実現するためのステップでもあります。

第5章
子どもの「ムリ」を聴く
子どもに合わせて，保育を「カスタマイズ」する

　子どもがうまく振る舞えないのは，私たちが子どもに，できないことをさせようとしているからです。できない子どもにとって，園生活は「ムリ」だらけなのかもしれません。子どもの「弱さ」を引き受け，「ムリ」とつぶやくその声に耳を傾けてあげてください。「わかっているのにできない」とか，「慣れたらできる」とか，思わないでください。

　では，そのような子どもに，私たちは何をしてあげたらいいのでしょうか。手始めは，その子がどこまでなら大丈夫で，どこから先が「ムリ」なのか，実際に保育をしながら確かめることです。たとえば，こんな活動ならば保育室でみんなと過ごせるのだけれど，こういう活動になると「ムリ」なのだと。

　そして，「ムリ」をさせている時間に，その子に合った保育を計画するのです。それを，「保育のカスタマイズ」と呼ぶことにします。保育室から出ていってしまったときは，「出た先で，きちんとした保育を提供すること」が大切です。第5章では，そのアイディアをいくつか紹介します。

1　園生活は「ムリ」だらけ（エピソード56―60）

「ムリ」を，自分で言えないのが子どもです。さまざまな手だてを試しながら，どこがどう「ムリ」なのかを聴いてあげてください。

☆エピソード56☆
周りの子どもの動きが速くなると，ついていけなくなる

　5月の連休が明け，3歳児はホールで活動をします。ピアノに合わせて簡単なダンスをすることになり，円形に並べた椅子の内側に，子どもたちは立ちます。

　ゆうや君は，4月当初，ホールに入れなくて，保育室で加配の先生と過ごしていました。ここのところようやく，周りの子どもたちのしていることに関心が向きはじめ，遠目にですが，クラスの活動を眺めている姿をみかけるようになりました。この日も，ダンスが始まると，椅子から立ち上がって見ていました。

　しかし，ダンスのテンポが速くなって，子どもたちが激しく動くようになると，すっと加配の先生のかげに隠れてしまうのでした。

子どもの情景：かげに隠れる子

コメント

　ゆうや君は、ゆっくりとした動きならお友だちのしていることが見て取れるようになり、いっしょにできそうな気持ちになったのでしょう。ところが、テンポがあがって、たくさんの子どもたちの動きが交錯してくると、どうしていいかわからなくなってしまったのでした。この子にとって、ここからさきは「ムリ」なのでした。

　保育者は、日々の生活のなかで、「この子は、どこまでならわかっていて、どこから先になるとわからなくなってしまうのか」ということを見定める必要があります。現場でなされる「評価」や「実態把握」は、エピソードのように、実際に指導をしながら行われるべきです。発達検査では捉えることのできないその子らしさを、保育のなかで見つけてあげてください。

ダンスが始まると、ゆうや君は椅子から立ち上がって見ていました。

☆エピソード57☆
みんなと同じようにおかわりはしたいのだけれど

　給食の時間になると，しょんぼりしてしまうはる君です。食べられるものが限られているし，量もほんの少ししか入りません。

　本人と相談して，食べられないおかずは一口だけにしました。減らしてほしいという思いも伝えられるように，「へらしてください」と書いたカードを用意し，それを差し出したら，すぐに応えてあげるようにしました。ごはんは，小さな器に三口くらい入れ，もう少し食べたいというそぶりを見せてくれるのを待ちました。

　そんなある日，器が空になるタイミングを見計らって「おかわりする？」と尋ねてみました。ちいさく「うん」とうなずくはる君に，少しだけのおかわりをしてあげたら，とても嬉しそうでした。ほんとうは，みんながおかわりをするのが，うらやましかったのかもしれません。

コメント

　食べられない子どもにとって、給食の時間は、絶体絶命のピンチなのです。食べられないもの、そして食べられない量を目の前に置かれた子どもは、「ムリ！」と叫んでいるはずです。

　給食時間の「困り感」は、子どもによってさまざまです。ガヤガヤしたところで食べるのが苦手な子どももいるでしょうし、給食のにおいがだめな子どももいます。「みんなで食べると楽しくて、おいしい」という、私たちの感覚をおしつけてはいけません。

食べられない子にとって、給食の時間は……

☆エピソード58☆
ボールが当たるのはこわい

　朝の遊びで，4歳児は転がしドッジボールを楽しんでいました。しばらくすると，子どもたちが「転がして遊ぶのは楽しくない」と言い出したので，「投げて当てる」ルールに変えました。

　海くんは，離れてじっと見ていました。誘っても動こうとしないので，わけを聴いてみると，「ボールが当たるからこわい」とのこと。柔らかいボールを出してみましたが，それも嫌がり，どうやら当たることじたいにこわさがあるようでした。

　そこで，30人のクラスを，転がしドッジボールがいい10人と，投げるドッジボールがいい20人とに分けました。転がしドッチに入った海くんは，はじめ，保育者にくっついて逃げまわっていましたが，要領がわかってくるにつれ，自分でボールから身をかわせるようになりました。

　ある日，担任は，「海くん，投げるのがじょうずだから，投げるドッジボールにしてみてもいい？　当たるのがこわかったら先生のそばにいていいから」と，海くんの気持ちを聴いてみました。海くんは，「うん」という小さな声とともに頷きました。人数は10人のままなので，ボールをよけるのはそう難しくなかったようです。今度は，こわがらずに遊べました。

コメント

☆「ボールが当たるのがこわい」という思いを聴くことで、無理矢理ドッジボールに誘うことはしませんでした。

☆とはいえ担任は、「やりたくないからしない」で終わらせてしまうのでなく、「ちょっとがんばったらできる」という体験もさせてあげたいと思っていました。そこで、海くんが「できる活動」を仕組んでみたのでした。投げるドッジボールでなく転がすドッジボールにし、人数も少なくしました。保育者がそばにいるという安心感もあって、少しずつですが、チャレンジしてみようという気持ちになったのでしょう。海くんには、細かなステップが必要だったのです。

ちょっとがんばったらできる

☆エピソード59☆
「できたよ」，祖父母のお招き会

　祖父母のお招き会で，四歳児は，「崖の上のぽにょ」と「お花がわらった」を手話で歌います。

　いつもとようすが違って不安だったのでしょう。出番になっても立てない子どもや，お面をかぶろうとしない子どもが何人かいました。そんな子どもたちも，保育者が手を引くと，どうにか前に出てくることはできました。

　りく君は，みんなが立っている後ろにかくれていました。祖父母に見てもらいたいという保育者の気持ちもありましたが，曲が流れるとふりをつけながら小さな声で歌っていたので，そのまま見守ることにしました。歌が終わるとすぐに近くにいってあげて，いっしょに退場しました。「できたよ」と，りく君。満足そうな表情でした。

　見に来てくれた祖父母にしてみれば，ちょっと残念だったかもしれません。でも，りく君は，「できた」ことがほんとうに嬉しかったのでしょう。そんな気持ちを，無条件で受け止めてあげたいと思いました。

第5章 子どもの「ムリ」を聴く　149

コメント

★子どもが不安そうにしているときは、近くでそっと見守ってあげてください。自分の気持ちを察してくれる保育者がそばにいることで、子どもは、「ムリ」だけど「すこしがんばってみようかな」という気分になれるかもしれません。

★子どもは、「ムリ」と感じながらも、手持ちの力をつかってけなげにがんばろうとしています。「ムリ」とつぶやく子どもの気持ちを聴きながら、小さな「できたよ」を承認してあげましょう。

「ムリ」だけど「すこしがんばってみようかな」

☆エピソード60☆
老人ホームの運動会は「ムリ」,でも行ってみたらそこそこ楽しかった

　週のスケジュールを見せながら,老人ホームの運動会について話しをします。何をするのだろうと楽しみにしている子どももいますが,反対に,ひどく不安げな子どももいます。そこで,当日の出し物をボードに書き,どんなことをするのか知らせました。それでも,帰るときに「運動会に行きたくないなあ」と母親につぶやくりょう君です。

　運動会の当日,りょう君はプログラムを手に,出番を確認していました。はじめのいくつかは慣れない競技ながらも参加できましたが,しだいに力尽きてしまい,風船割りの競技になると「しない」と言って座りこんでしまいました。ほかにも何人か嫌がる子どもがいたので,「ここに座っていたらいいよ」と,待つ場所を決めてあげました。

　その日,おうちに帰ってからりょう君は,お母さんに「風船割りをしよう」と言ったとのこと。風船がなかったのでできなかったようですが,見ていたらしたくなったのかもしれません。

第5章 子どもの「ムリ」を聴く　151

コメント

　★これからすることを説明しただけでは，子どもにはわかりません。実際の場面を経験してはじめて，それがどういうことなのかわかるのです。したことと説明で聞いたこととがつながるといってもいいでしょう。

　★はじめてのことを，すべて回避するわけにはいきません。私たちは，子どもの「ムリ」を聴きながらも，「やってみたらそこそこ楽しかった」という経験を積ませるしかないように思います。そうすれば，次にするときには，最初からできます。「去年はさんざんだったけれど，今年はふつうにできました」ということが，わりと多いのです。

「ムリ……」

★コラム11★　「ゆる♪リト」①

　ここ数年来，佐藤は，「ゆる♪リト」というプログラムを開発してきました。「ゆるーい・リトミック」の略でして，「表現」領域における活動の一つとして提案しています。

　大きなねらいは，「クラシック音楽の音と，クラシックバレエの振りをとりこんで，自分の体で表現する」ことです。「ゆるーい」としたのは，活動の展開にゆとりをもたせることで，こぼれ落ちる子どもをつくらないようにしたかったからです。

　あれこれ説明するより，保育案の例をお示しした方がわかりやすいかもしれません。ご覧ください。

(p.162へつづく)

2 「出た先の保育」を考える（エピソード61—64）

　お友だちと同じ時間に同じ場所で活動するのは「ムリ」，と思っている子どもがいます。そんな子どもには，保育の「バイパス」をつくってあげてください。

☆エピソード61☆
出た先でも，しっかりとかかわる

　朝の時間，よしき君には，ホールの片隅に落ち着いて過ごせる場所を用意しました。机をひとつ置いて，よしき君の好きなグッズを並べました。ひとりで遊ぶのもいいし，お友だちを誘うのもオーケーです。

　ある日，郁ちゃんがホールにやってきました。よしき君が遊んでいるのを見て，「ここで遊ぶ」と言います。日によって，クラスに入りにくくなるのです。よしき君の支援をしているまさ子先生は，「ビー玉を落としたら，お部屋に帰ろうね」と声をかけ，しばらくつきあってくれました。区切りのつきやすいグッズを用意すると，いつでもクラスに戻れます。ホールに出入りするのが気になっていた担任のゆきえ先生でしたが，そんなようすを見て，「クラスにも魅力のある遊びを用意して，しっかりかかわっていかないといけませんね」と話してくれました。

第5章 子どもの「ムリ」を聴く 155

| コメント |

★単に遊びのコーナーを作るだけでなく、そこで、しっかりと保育者がかかわってあげることが大切です。

★そういう場で保育者が待っていてくれるからこそ、そこが子どもの居場所になるのです。保育室も同じです。担任、そして仲間が待っていてくれる場所にしないといけません。

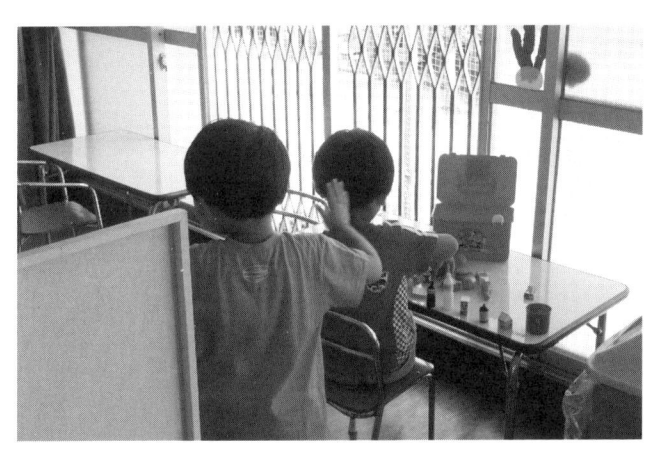

朝の時間、よしき君には、ホールの片隅に落ち着いて過ごせる場所を用意しました。ひとりであそぶのもいいし、お友だちを誘うのもオーケーです。

☆エピソード62☆
騒々しさからの回避

　子どもの人数が多くて室内がとても狭いので，ままごと遊具の一部を移動し，テラスでも遊べるようにしました。少人数の空間でままごとをすると，静かにやりとりを楽しむことができますし，道具も散乱することがありません。また，絵本コーナーは保育室のなかにもありますが，テラスの空間にも用意して混雑を避けました。テラス用の絵本かごには，子どもたちのブームになっている絵本を用意しておきます。

　保育室をちょっと拡張してこのようなコーナーをつくっておくと，いろいろな場面で活用ができます。戸外から帰ってきていっせいにうがいや手洗いをすると，室内がとても混みあいます。人がたくさんいると落ち着かなくなるももねちゃんは，みんなより少し早めに保育室に戻り，テラスの空間でお茶を飲めるようにしました。

子どもの情景：ほっと一息

第5章 子どもの「ムリ」を聴く

> コメント

　　混雑を避けてあげるだけで，子どもの「困り感」はだいぶ軽減できます。
　　騒々しいところが苦手な子どもが，クラスにはずいぶんいるのだと思います。エピソードのように，落ち着いて過ごせる空間を用意してあげましょう。私たちも，ひとりでゆっくりしたいことがありますから。

絵本コーナーは保育室のなかにもありますが，テラスの空間にも用意して混雑を避けました。

☆エピソード63☆
ホールで「ひとり・わくわくタイム」

　どこにいても，遊びが手につかない敬君です。落ち着けるスペースをつくろうと，ホールに仕切りをつくって楽しげなおもちゃや絵本を用意するのですが，遊びのレパートリーが少ない敬君は，すぐに席を立ってしまいます。

　そこで，ホールでは，保育士が一対一でかかわる時間をとってみることにしました。「ひとり・わくわくタイム」です。簡単な絵本も，1ページ読むとすぐに席を離れてしまうので，保育士との距離を狭くし，離席しようとするその場で止めます。少しでも長く座れるようにと，敬君が興味を示す唯一のグッズである太字ペンと，それを絵にした紙芝居を用意しました。1カ月ほど繰り返すと，どうにか5分程度なら，保育士が準備した活動に向かえるようになりました。

　活動を続けること7カ月。絵本のお気に入りのページをイラストにしたカードを，「ひとり・わくわくタイム」のメニューボードに貼りました。「今日もこの絵本を読むよ」というメッセージです。絵本を読み進め，カードに描かれたページになったとき，敬君は，カードのイラストと絵本とを不思議そうに見比べていました。それ以来，メニューボードをよく見るようになりました。

　メニューボードに注目できるようになると，ぴったりついていなくてもひとりで座れるようになります。そうなると「ひとり・わくわくタイム」にお友だちを呼べるようになります。いまでは，クラ

スのお友だち何人かに交代でホールに来てもらい，小集団の「わくわくタイム」をしています。

コメント

☆ 障がいの重い子どもには，一対一でのかかわりが必要です。
☆ とはいえ，「付き人支援」はいけません。まずは，一定時間保育士とともに活動できる「形式」を整えましょう。慣れない保育士はとても苦労しますけれど，そこは子どものためです。その子に合わせて，保育を「カスタマイズ」してください。

（左）保育士が一対一でかかわる時間をとってみることにしました。簡単な絵本も，一ページ読むとすぐに席を離れてしまうので，保育士との距離を狭くし，離席しようとするその場で止めるようにしました。
（右）いまでは，クラスのお友だち何人かに交代でホールに来てもらい，小集団の「わくわくタイム」をしています。

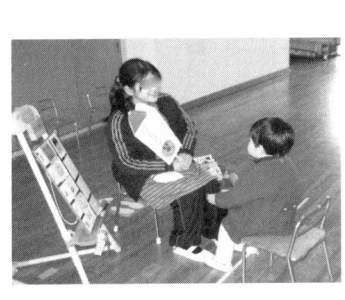

☆エピソード64☆
小集団活動に必要だったのは，モデルになる子ども

　クラスの「わくわくタイム」（朝の集い）に参加しにくい子どもを4人集め，クラスでするのと平行して，小集団での「ほーる・わくわくタイム」をすることにしました。加配の先生には，準備や進行をお願いしました。静かなホールで，しかも少人数で活動するので，4人の子どもたちは，クラスでしていたときとはうって変わって，とても落ち着いて話しが聴けるようになりました。

　ところが，慣れてくると，1人の子どもが活動に集中できなくなりました。それにつられて，あとの3人も落ち着かなくなってきます。

　担任と加配の先生とで相談した結果，小集団の「ほーる・わくわくタイム」には，毎回クラスから交代で，3，4人の子どもたちに行ってもらうことにしました。効果は，絶大でした。クラスの仲間がきちんと振る舞うのを見て，4人の子どもたちは落ち着きを取り戻しました。

　交代で出かける子どもたちも，自分たちの番を楽しみにしています。担任は毎朝，その日ホールに行くことになっている子どもの顔写真をボードに貼ってくれます。みんな，自分の顔写真を持ってうれしそうにホールへ向かいます。

第 5 章 子どもの「ムリ」を聴く

> コメント

　小集団の「ほーる・わくわくタイム」は，クラス全体でする「わくわくタイム」のバイパス的な活動です。落ち着いた空間で，少人数の活動を用意してあげると，子どもたちはいつもと違った表情をみせてくれます。
　しかし，バイパス的な活動では，モデルになる子どもがいないために，しばらくすると活動が崩れてしまうことがあります。そんなときは，エピソードのように，モデルになってくれる子どもの力を借ります。

（左）担任は毎朝，その日ホールに行くことになっている子どもの顔写真をボードに貼ってくれます。
（右）クラスの仲間がきちんと振る舞うのを見て，4 人の子どもたちは，落ち着きを取り戻しました。

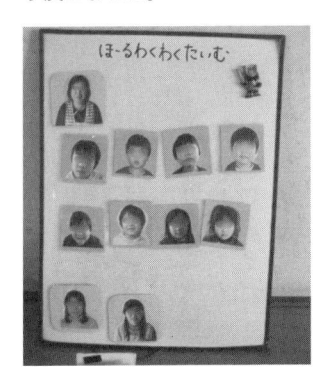

★コラム11★　「ゆる♪リト」②

保育案例

対象　5歳児24人（6人のグループが4つ・・りんごグループ，みかんグループ，めろんグループ，すいかグループ）

活動時間　30分程度

　○めあて：音楽に合わせて，みんなで気持ちよく体を動かそう。

　○めあての達成に向けた指導上の留意点：名曲を聴きながら，体にリズムを刻み込み，さまざまな身体表現を楽しませたい。身体表現にあたっては，体の部位一つひとつを丁寧に動かせるよう，練習方法を工夫する。

　○素　材：音楽はクラシック音楽，動きはクラシックバレエを基にする。クラシック音楽は形式がはっきりしている。そのために，音楽を聴くことで，音楽を捉える意識も自ずと整然となる。よって，落ち着いた穏やかな時間を持つことができる。クラシックバレエからは，姿勢と動きの基本を取り入れる。バレエの基本を習得することで，日常の動き（歩く，走る，跳ぶ）がしっかりしてくる。また，体の部位一つひとつが強くなると，動きの幅が広がり，動き自体も美しいものになる。

　○本時略案（流れ）

　①導入　『ロンド』モーツアルト　～音楽に合わせて気持ちよく歩こう
　お部屋を広く使って，軽くウォーキング。

　②ストレッチ　『メヌエット，ミュゼット，小プレリュード』バッハ
～音楽に合わせて気持ちよく体を伸ばそう。

　メヌエット・・座って，開脚して上半身を左右，前後に伸ばす。

　ミュゼット・・座って，足は前に伸ばし，背中ピン，首を左右に倒し，左右に向ける。

　小プレリュード・・座って，足は前に伸ばし，背中は楽にして足首の運動をする。

(p. 170へつづく)

3　個別指導で，できることを増やす（エピソード65―68）

　子どもによっては，身の回りのことを個別に指導しなくてはなりません。食事や排泄などの指導のコツを，いくつかご紹介します。

☆エピソード65☆
給食指導を辛抱強く

　かずと君は，入園当初，給食にまったく手をつけませんでした。ごはんなら家で食べているということだったので，おにぎりにして持ってきてもらいましたが，見向きもしません。ふりかけを用意してもらったり，家ではよく食べるという炊き込みごはんを詰めてもらったりもしました。しかし，どれも食べてくれません。

　食べ物を園で食べるということを受け入れてもらうにはどうしたらいいものか，保育士はあれこれ思案しましたが，とりあえずやれそうなことからやってみるしかありませんでした。

　第一段階。大勢の人が苦手なかずと君なので，給食を食べる場所は，静かなホールにしました。好きなおやつなら食べるだろうと考え，家から少しだけお菓子を持参してもらいました。お菓子のパッケージを切り取ってつくった給食カードを机の横の壁に貼り，それを取ったら椅子に座るという動作を毎日練習しました。カードを机の上に置いて座ったら，「いただきます」をしてお菓子を食べます。カードは，「食券」のようなものだと考えてください。

　第二段階。好きなカレーの献立のとき，カレーのお皿の向こうにお菓子を置き，カレーを一口食べたらお菓子を食べていいことにしました。カレー以外の献立でも同じようにしていくと，少量ではありますが，給食が食べられるようになりました。

　第三段階。こうして，一口でも確実に食べられるようになった9カ月後。クラスで食べることに挑戦です。まずは，おやつの時間か

ら始めました。かずと君が好みそうなおやつを給食室の先生に頼みました。

　第四段階。おやつで成功したところで，今度は給食の時間もクラスに誘いました。手を洗ってコップを取りにいき，いまではランチョンマットを敷いて配膳を待てるようになりました。

コメント

　かずと君のような子どもにとって，「保育園で給食を食べる」のは，「ムリ」というより，ありえないことだったようです。偏食といったこと以前の問題です。

　そんなかずと君には，その都度，どこまでなら受け入れられるのかをよく聴きました。いまできることを見つけ，それを繰り返すことでようやく，時間はかかりましたが，給食が食べられるようになりました。

　子どもには，「できないことはさせない」のが鉄則です。できることをつくって，それを繰り返すうちに，それまでできなかったことができるようになるのです。

クラスでおやつを食べることに挑戦です

☆エピソード66☆
トイレ指導のコツ

　かずと君は，保育園のトイレに行くのを嫌がります。活動が始まる前など，クラスの子どもたちがトイレに行くたびに，トイレのカードを出して誘ってみたのですが，ほとんど見てくれません。たまたまトイレに入れたとしても，おしっこが出ないのです。

　いろいろ考えたすえ，担任は，トイレに行く回数を減らしてみることにしました。ちょうど夏も近づいていたので，排泄の間隔も長くなっていました。

　午前中，トイレに誘うのは給食の前です。「トイレ」のカードとふりかけの実物とを見せ，「トイレに行ったら，ふりかけだよ」と言って，排泄をうながしました。

　午後は，母親が迎えにきたときです。同様に，「トイレに行ったら，ままおんぶだよ」と言って，母親といっしょにトイレに行きました。

　トイレに行って確実に排泄することで，かずと君はようやく「保育園でトイレに行く」ことができるようになりました。

第5章　子どもの「ムリ」を聴く　167

> コメント

　　従来の定時排泄指導では，クラス活動の前とか午睡の前とか，保育者の都合で排泄の時間が決められていたところがあります。エピソードでは，子どもの排泄の間隔を把握し，トイレで確実に排泄するという経験を優先させたのでした。
　　トイレに行ったあとの活動とセットにして指導したことも，よかったのだと思います。

トイレに行ったあとの活動とセットにして指導する

☆エピソード67☆
着替えの指導，ツールの工夫

　ひとりで脱ぎ着をする場合，脱ぐのは簡単でも，着るときにはシャツとトレーナーとの区別がついていなかったりして，何から着ていいかわからなくなる子どもがいます。そうなるとどうしても，保育者が一枚一枚手渡して着せることになってしまいます。

　とも君の場合，数字の順番が分かっていたので，着脱のかごを工夫しました。制服を脱いだら一番に入れ，トレーナーは二番に入れます。左から右への流れです。着るときには，数字を反対側からふります。右が一番になります。

コメント

　★着替えの基本は，ついてしっかり教えることです。手をかけるところはしっかりかけてあげて，やがて子どもがひとりでできるようにしましょう。

　★とも君には，それに加えて，ちょっとした支援ツールをつくってあげました。もちろん，ツールの使い方をマスターするまでは，ていねいなかかわりが必要です。

着替えのツール

☆エピソード68☆
要求を伝えるためのコミュニケーションブックをつくる

　遊びのレパートリーが少ないかずと君は，ホワイトボードマーカーが目に入ると，それを手にして，ひたすら振り続けるのでした。

　担任は，発語のないかずとくんになんとか意思表示をさせたいと思っていました。そこで，そのマーカーを手の届かないところに置き，欲しいときにカードで要求できるようにしました。カードでの要求は，すぐにできるようになりました。

　まだいけそうだったので，担任は，かずと君が好みそうなものをことごとく写真に撮って，ファイルに挟んでいきました。かずと君に渡すと，はじめは不思議そうに写真を眺めていましたが，やがてそこから好きなものをチョイスすることを覚え，出したものの片づけまでできるようになりました。

コメント

　★「使ったらいいことがあった」と実感したとき，カードが子どもにとって意味をなすようになります。「カードを使うと，望んでいることが実現できた」という経験をたくさんさせてあげましょう。

要求をカードで伝えるコミュニケーションブック

★コラム11★　「ゆる♪リト」③

③1曲目　『見知らぬ国』　シューマン　〜息を吸って吐いて

　基本の姿勢（両手は下げ，両腕に軽く丸みをつけて身体の少し前に出す。両足はそろえて，つま先を開く。背中はスーッとのばす）をとる。

　息を吸いながら，両手をお腹の前にもってきて，吐きながら両手を開く。この動きを2回。3回目は息を吸いながら，両手を上まで持っていき，息を吐きながら両手を開きつつ下ろしていく。

　曲の中間部では，両手は基本の姿勢と同様に丸みをつけて下げたまま，足の付け根を折り，膝を緩める。すると，膝は自ずとダイヤの形になる。足の付け根を伸ばし，膝を自然に戻す。この動きを2回。3回目は両手も膝の動きに合わせて開き，閉じる。

　再び，初めと同じメロディーで，初めの動きに戻っておしまい。（本時の最後に，この動きはもう一度する。）

　練習の手順：

（1）お手本を見ながら動いてみる。

（2）音楽に合わせてみんなで動く。

④2曲目　『プレリュード』ショパン　〜ふんわり紙飛行機

　基本の姿勢（前曲と同じ）

　両腕を広げつつ，右足を一歩出して重心を右足に移すと同時に両膝を伸ばす。後ろ足（左足）は踵を上げて，床につま先だけつける。これが紙飛行機の形，「歩いてスーッ」という感じ。続けて，反対の足から始める。

　両手は一度前に集めてから，両膝，背中と同時に伸ばす。両膝の軽い屈伸で紙飛行機のふんわりした感じを出す。全部で八回，同じ動きをする。最後の8回目は，すこし長めにバランスをとる。グループのみんなといっしょに紙飛行機になってバランスを保つことを楽しむ。

　練習の手順：

（1）お手本を見る。

（2）音楽に合わせて動く。

〈りんごグループ＆みかんグループ〉と〈めろんグループ＆すいかグループ〉の二手に分かれる。はじめは，〈りんごグループ＆みかんグループ〉が動き，〈めろんグループ＆すいかグループ〉は見る。次は，交代する。

⑤3曲目　『亜麻色の髪の乙女』ドビュッシー　～花になって（芽が出て，大きくなり，蕾になって花が咲く。いろんな風に花は揺らされる。）

種になる　床の上で小さくなり種になる。初めのメロディー（テーマ）を聴き，和音が鳴らされるころに顔を上げる。

芽がでる　次のメロディーで，正座する。「小さな芽が出てきたよ。」「外は気持ちいいなあ。」

大きくなる　初めのメロディー（テーマ）が再び出てきたところで，体を起こし，立ち上がる。両腕に丸みを持たせて足の付け根の前で蕾を作る。下るメロディーでは花が咲く準備。

花が咲く　上がるメロディーで両腕を下から徐々に持ち上げる。両手が一番上にきたところで花が咲く。

風に揺れる　持ち上げた両腕を呼吸とともに右，左に揺らす，4回。茎にあたる体の軸，足首をしっかりと保つ。大きな風がビューンと吹き，体を前へ1回。優しい風では，両手首のみ揺らす。

風がやんで，花は静かに咲いています。両腕を大きく開きつつ，下げていく。基本の姿勢に戻っておしまい。

練習の手順：
（1）お手本を見ながら動いてみる。
（2）4つのグループに分かれて，動きの練習をする・・どんな色の花になる？　すてきなお花を咲かせてね。それぞれの子どもが，自分の抱いた花のイメージで表現する。
（3）〈りんごグループ＆みかんグループ〉と〈めろんグループ＆すいかグループ〉に分かれ，順に発表する。見ている子どもたちは，応援をする。

⑥4曲目　『ゴリウォグのケークウォーク』ドビュッシー　～おしゃれ歩き

　音楽にあわせて，みんなで手拍子をする。右足から7歩あるいて右足前でターンし，左足前になって，その左足から7歩あるいて戻る。二往復。最後は好きなポーズで「ヤーッ」とかけ声。

　練習の手順：
（1）お手本を見ながらみんなで手拍子。
（2）〈りんごグループ＆みかんグループ〉は動き，〈めろんグループ＆すいかグループ〉は手拍子する。交代する。
（3）2回目。今度は，おしゃれに歩く。おのおのがおしゃれと思う歩き方で歩いてみる。はじめは，先生に歩いてもらう。

⑦おわりに

　最後に，1曲目の『見知らぬ国』で呼吸を整える。導入時と同じ『ロンド』をBGMに退場する。

　このほかにも，子どもに好評だった演目は，『あし笛の踊り』チャイコフスキーを使った，「足指グーチョキパー」などがありました。曲のテンポを落として，足の指でじゃんけんをします。はじめは難しいのですが，できるようになるととても嬉しそうにしていました。

　「表現」のメニューは，季節に合わせて変えていきます。

　夏は，『水の戯れ』ラベルを使った演目，「たいくつなこんぶのお話し」です。海の中に潜って，昆布になります。することがなくて退屈な昆布のもとに，えいやたこが遊びに来て，いっしょに踊ります。

　冬バージョンは，チャイコフスキーの「くるみ割り人形」へと発展させています。クリスマスの夜，子どもたちが寝静まると，おもちゃ箱からロボット人形が跳びだしてきます。ロボット歩きをしている途中で風に吹き飛ばされたり，トロイカをつくってスキップリレーをしたりします。最後は『花のワルツ』にあわせて，美しく踊ります。

第5章　子どもの「ムリ」を聴く

　月2回ほどのセッションですが，なんといっても，積み重ねの効果を実感しています。4月から練習してきた基本の振りを身につけた子どもたちは，私たちの想像を遙かに超える「表現」を見せてくれます。美しい音楽を体に刻み込み，動きのレパートリーを広げた子どもたちは，昆布やロボット人形になりきって「ゆる♪リト」を楽しんでいます。

　大勢でする活動や体を動かす活動が苦手な子どもには，さまざまな手だてを考えます。これまでのリトミックやリズムでは，入れない子どもは「慣れるまで待つ」しかないようなところがありました。しかし，それで

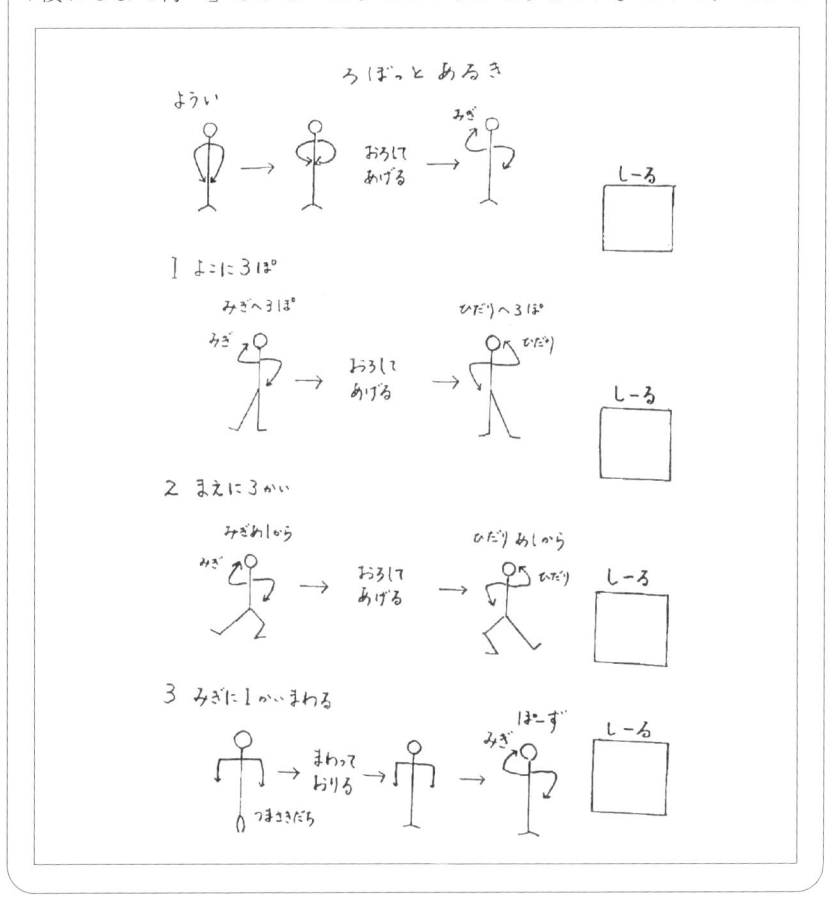

```
                    ろぼっと あるき

        ようい                            みぎ
         ○          おろして      ○
         ↓    →    あげる    →            しーる
                                          □

1 よこに 3ぽ
     みぎへ 3ぽ              ひだりへ 3ぽ
   みぎ ○         おろして      ○ ひだり
       ↓      →  あげる    →              しーる
                                          □

2 まえに 3かい
    みぎあしから             ひだりあしから
   みぎ ○                       ○ ひだり
       ↓      →  おろして  →              しーる
                  あげる                   □

3 みぎに 1 かいまわる
                                    ぽーず
         ○       まわって    ○     みぎ○
         ↓  →   おりる    →   →              しーる
       つまさきだち                         □
```

は慣れるまでの時間がもったいないし，そもそも子どもはその間ずいぶんつらい思いをしています。私たちがやれることは，まだあります。

視覚支援

　流れが定着するまでは，必要に応じて演目をホワイトボードに書きます。グループで練習するときには，練習メニューをカードに示して，一つできるごとにシールを貼っていきます（図）。

グループ練習

　グループ（5〜6人）での練習を，必ず取りいれます。こぼれ落ちる子どもをつくらないように，一人ひとりていねいにかかわっていきます。小さなグループで練習すると，先生のモデルが見やすいですし，仲のいいお友だちが近くでいっしょにやってくれたり教えてくれたりします。

　実際にやってみて，もっとも効果があったのがグループ練習でした。これを毎回するようになってから，入れなかった子どもが次々と活動に参加できるようになりました。いい意味で，集団の中で目立たなくなるのでした。

　なお，ピアノ演奏があまり得意でない先生もいらっしゃるので，同じ振りをバイエルの曲でできるバージョンもつくっています。

筆者

著者紹介
佐藤　曉（さとう　さとる）
1959年，埼玉県に生まれる。
筑波大学第二学群人間学類卒業，同大学院教育研究科修了。博士（学校教育学）。
現在，岡山大学大学院教育学研究科教授。
著書　発達障害のある子の保育の手だて・実践満載発達に課題のある子の保育の手だて・どの子もこぼれ落とさない授業づくり45（岩崎学術出版社），発達障害のある子の困り感に寄り添う支援・見て分かる困り感に寄り添う支援の実際・自閉症児の困り感に寄り添う支援・子どもも教師も元気が出る授業づくりの実践ライブ（学習研究社）その他多数。

小西　淳子（こにし　じゅんこ）
岡山県に生まれる。吉備国際大学大学院社会福祉学研究科修了。
現在　岡山市公立保育園保育士。

こぼれ落ちる子をつくらない「聴く保育」

ISBN978-4-7533-1056-2

著者

佐藤　曉・小西淳子

第1刷　2013年2月20日
第2刷　2014年2月10日

印刷　新協印刷㈱／製本　㈱中條製本工場
発行所　㈱岩崎学術出版社　〒112-0005　東京都文京区水道1-9-2
発行者　村上　学
電話　03-5805-6623　FAX　03-3816-5123
2013ⓒ　岩崎学術出版社
乱丁・落丁本はおとりかえいたします。検印省略

発達障害のある子の保育の手だて
―― 保育園・幼稚園・家庭の実践から

佐藤曉・小西淳子　著

本体1,700円＋税

目　次

第1章　子どもの見方
Ⅰ発達障害とは／Ⅱ「困り感」の理解

第2章　個別的な保育の手だて（1）活動の意味を伝える
Ⅰ混沌とした世界に意味を与える／Ⅱエスケープできる場所を用意する／Ⅲ一連の行動を教えるためのポイント／Ⅳ支援例

第3章　個別的な保育の手だて（2）見通しと向かう先を示す
Ⅰスケジュールは何のために教えるのか／Ⅱスケジュールを導入する際の留意点／Ⅲいよいよスケジュールを導入する／Ⅳスケジュールを発展させる

第4章　個別的な保育の手だて（3）人とかかわる力をつける
Ⅰ「要求」を伝えやすくするために／Ⅱ「期待」が伝わりにくい子どもへの手だて

第5章　集団における保育の手だて（1）小集団保育の実践
Ⅰ小集団保育の実際（1）／Ⅱ小集団保育の実際（2）／Ⅲ小集団保育のねらい

第6章　集団における保育の手だて（2）クラスでできる保育の手だて
Ⅰ発達障害のある子どもが育つクラスをつくる／Ⅱ支援の具体例

第7章　保護者への支援
Ⅰ保護者支援の基本／Ⅱ保護者とともに子どもを育てる／Ⅲ理解の得られにくい保護者への支援

第8章　保幼―小連携の実践
Ⅰ連携のいとぐち／Ⅱ学校にあがるまでにしておきたいこと／Ⅲ連携の実践